THE LEADING BRAND STRATEGY

The best management strategy for winning

渡我部一成
KAZUNARI WATAKABE

WHAT'S
THE EFFICIENT
METHOD
TO REALIZE
THE ABUNDANT
MANAGEMENT?

はじめに

中小企業が安定した豊かな経営を実現するために、もっとも有効な方法は何か――。その答えは、自社独自のブランド、しかも小さくても市場を牽引し、大きな収益を上げられる「リーディングブランド」を構築することだと、私は確信しています。

「リーディングブランド」とは、市場の特定の領域において、独自性のあるナンバーワンポジションを築き、その業界のビジネスを先導（リード）していくブランドのことです。「リーディングブランド」には、数々の経営的恩恵がもたらされます。まず、苦しい価格競争に巻き込まれずに、事業運営していく道が開けます。

またカテゴリー内での認知の高さによって、製品やサービスが顧客から自然と選ばれるようになります。そのため不要な投資をしなくても新規顧客が増え、リピート率が上がり、優良な固定客として醸成されていく流れができ、収益アップにつながります。

取引先とはフェアな取引、有利な取引がおこなえるようになり、メディア露出に関しては、コストをかけないプロモーションが可能になります。さらに、有能な従業員の採用や定着率のアップなど、リクルーティングにも強さが備わります。

このようにお伝えすると、誇大な表現だと感じるかもしれません。しかし、戦略的なブランディングプロジェクトをおこなって「リーディングブランド」となった企業は、これらの恩恵を現実に手にしています。近年、この「リーディングブランド」の構築によって、大きな収益と事業の豊かな成長を実現している中小企業が増えています。

ブランディングには、経営を大規模に改革する力があります。私はこれまで企業人として仕事をしてきた経験の中で、そしてその後、ブランディングプロデューサーとして企業のご支援をする中で、その効果の力強さを日々実感しています。

私はコンサルタントとして独立する以前、日本企業と外資系企業を合わせ、27年間、企業人として働いてきました。この年月は、私にブランディングに関する貴重な学びを与えてくれるものでした。

イタリアのファッションブランド「フェンディ」のPR会社に在籍していたときには、確立した世界的トップブランドのシビアなブランドマネジメントスキルを身につけることができました。

また「株式会社チッタエンタテイメント」で役員を務めていた頃には、日本のシネマコンプレックスの先駆けとなった「チネチッタ」や国内屈指の大型ライブホール「クラブチッタ」などを運営するグループ企業数社の役員を兼務し、企業経営のスキルを学び、同時に2002年に開業したエンタテイメント型複合商業施設「ラ チッタデッラ」の総合プロデュースを手がけました。

このときには、多くのマスコミが取材に殺到し、「ラ チッタデッラ」には全国から沢山の視察の人々が来訪。また、マーケティング担当役員を務めた「チネチッタ」は3年連続で観客数・興行売上日本一を記録することができました。

これらの仕事からは、「発信すること」の重要性を学び、またブランディングが会社を豊かにするだけでなく、地域を活性化させ、文化を生み出して人々に喜びを提供するプロセスを経験することができました。

その後、数社の日系企業役員を経て、イタリアの高級フィットネスマシンメーカー「テクノジム」の日本法人に籍を置きました。そこでは、デザイン性の高いフィットネスマシンを商材に、富裕層をターゲットにしたビジネスをおこないました。日本ではフィットネスに対する意識がまだまだ低かった時代に、戦略的なマーケティング施策を駆使して、富裕層の間にホームジムを持つ暮らしを提案し、ホームフィットネスのムーブメントを作ることに成功しました。

この仕事では、独自性をもった商品にメッセージとイメージを加え、顧客に新たなライフスタイルを提案して新規市場の創出を試みるという、ブランディングの本質を経験することができました。

また日系・外資系企業の双方に勤務し、それぞれの長所と短所を体験したことにより、日系企業の弱みを克服し、改革、成長させる糸口を見いだせたのも大きな収穫でした。

昨今、日本企業の労働生産性（労働1時間あたりの付加価値額）の低さが問題視されています。２０１７年の日本の労働生産性は、経済協力開発機構（OECD）加盟３６カ国の中で、２０位と下位に甘んじています。実は、この労働生産性の低さは今に始まったことではなく、データが取得可能な１９７０年以降、先進7カ国の中で最下位の状況が続いているのです。とりわけ中小企業においては、この生産性の低さはより顕著になっています。

しかし私が知る限り、一部の業界を除いては、外資系企業も日本企業も個人の能力にそれほど大きな差はありません。実際には「仕組みの差」が、企業としての生産性の差に大きく影響しているのを実感しています。

日本企業には論理的思考や戦略的思考が根づいていません。またモノづくりや営業強化には力を入れる一方で、マーケティングが弱いという実態があります。

最近でこそ、日系企業もマーケティングの重要性に気づき、力を入れ始める企業が増えてきましたが、実際には人材市場において本当にマーケティングを理解し、実践できるスキル、経験のある人材は極めて少ないのが実情です。また、そういった人材は、条件の良い外資系企業や大企業に採用されるケースが多いため、日本の中小企業は人材確保が難しく、マーケティング機能の強化を図ることに困難をきたしています。


私がブランディングのコンサルティング会社を立ち上げた目的は、日本の中小企業を元気にするために、私がこれまで四半世紀以上にわたり培ってきたブランディング、そしてマーケティングの実践知と理論を、少しでも役立たせたいという思いからです。

そして今、本書も同じ思いで綴っています。社会環境の変化が著しく、ビジネスが複雑性を増した現在、従来の戦略は通用しません。収益の拡大と、付加価値生産性の高い企業経営を実現するためには、リーディングブランドという最強の経営資源を獲得し、それを活用することが鍵となっています。

本書は中小企業経営者であるあなたが、自信を持ってリーディングブランド構築へと歩み出せるよう、その仕組みをわかりやすく解説したガイドブックです。

そもそもブランディングは、画一化された定義や方程式で語れるものではなく、多くの方は、各々の漠然としたイメージしかお持ちではないと思います。それももっともなことで、実際のブランディングは完全オーダーメイドのプロジェクトで、そのときのビジネス環境、会社の現状と課題、理念や目標など、複合的な要素を考慮して戦略を立て、多彩な手法を駆使して行います。

またブランディングの目的は、「顧客の認識の中に、特定のイメージを醸成する事」という非常に抽象的なものなので、この点からも「ブラディングとは何か」「具体的に何をおこなうのか」がわかりにくくなっています。本書ではその詳細を紐解くことによって、ブランディングを本質から理解できるようお手伝いをします。

ブランディングに関する書籍は、国内外の著者によるものが多数出版されています。ただし、それらの多くはマーケティングやブランディング担当者向けに書かれた学術的論考で、「ブランディングが企業経営に、どのような影響をもたらすのか」、あるいは「経営者視点で、何を実践すればよいのか」という内容が書かれた本は、意外に少ないのが実情です。

そこで本書はそれらにスポットを当て、「業界のリーディングカンパニーになりたい」、「価格競争から抜け出して、自社製品を適正価格で販売したい」「ブランディングに興味はあるけれど、何から手をつければいいのかわからない」といった方々のために、私が提供しているコンサルティングの仕組みを、できる限り体系化し書き下ろしています。

あなたの会社が「自信ある製品」と「強い営業力」に「マーケティング機能」を補完し、業界の覇者となることは、決して夢ではありません。

また平成の30年間という時間の中で、日本の立ち位置は徐々に、かつ確実に衰退してきました。日本企業の99％は中小企業であり、労働者の約7割は中小企業に属しています。中小企業こそが日本の経済、そして国力を形成しているのです。まずあなたの会社が元気になることが、これからの日本に活力を取り戻すことにもつながるでしょう。

あなたが大切に育んできた会社を、ブランド構築によって、より豊かに、より強くする。本書がその一助となることを切に願っています。

渡我部　一成

もくじ

第1章

「リーディングブランド」は中小企業の勝利の原動力

THE
LEADING
BRAND
STRATEGY

The best management strategy for winning

9割の経営者が、ブランディングを勘違いしている

資金や人材が決して潤沢とはいえない中小企業が、熾烈な競争を制し勝利する――。それには業界を牽引していく「リーディングブランド」となることが、最強の手段です。その構築法について話を進める前に、そもそもブランディングとは何であるかを明らかにしていきましょう。

この本を手に取ってくださったあなたは、多かれ少なかれ、自社や自社の製品／サービスのブランディングに興味をお持ちのことと思います。では「ブランディングって何？」と聞かれたら、何と答えますか？　おそらく答えは人により大きく異なるでしょう。

現在「ブランディング」という言葉自体は、ビジネスにおいてごく一般的に使われています。しかしその本当の意味について理解している方は少数派で、一人ひとりが自分なりのイメージで曖昧に捉えているのが実情です。私の経験では、ほぼ9割の経営者が、ブランディングについて勘違いをしています。

私の名刺には「ブランディングプロデューサー」という肩書が記されています。初対面の方にその名刺を差し出すと、しばしば「ああ、ブランディングを専門に手がけていらっしゃるデザイナーさんですね」と言われます。ブランディングとは製品やパッケージ、販促関連ツールのデザインのことだと思い込んでいて、私がそれを生業にしていると勘違いされてしまうのです。

確かにデザインはブランディングの重要な要素なので、誤解されてしまうのも理解できます。とくに1980年代から90年代にかけてブームとなった「CI（Corporate Identity）戦略」の隆盛時代を経験した方々の中に、「ブランディングは、ロゴやブランドメッセージを刷新すること」と誤認識しているケースが多くみられます。

しかし会社を強くする「真のブランディング」は、決してデザインのみでは実現することができません。たとえ著名なデザイナーに依頼し素晴らしいデザインでブランドを表現することができても、それだけでブランディングによる最大の効果を得ることはできないのです。

また「ブランディングって、要するにマスメディアを使って派手なプロモーションキャンペーンを打つことですよね」という声も多く聞かれます。

製品の発売時に多くのマスコミ関係者を招待して華やかな記者発表をおこない、メディアへの露出度を高める。こうしたPR活動は、ブランディングの常套手段のひとつといえます。

確かにこの手の施策は「認知度アップ」には非常に効果的です。ただ、果たしてそういった手段のみに頼ってメジャーになった製品が、その後も安定的、発展的な売り上げを継続できるかというと、私は大いに懐疑的です。打ち上げ花火的に一時、注目され、短期的な売り上げ増に結びつくことはあります。しかしこうしたプロモーション施策だけをおこなっても、時の流れとともに新鮮味が薄れ、やがて力を失ってしまうものです。

会社に安定した力強さをもたらす「真のブランディング」は、プロモーション活動のみでは、やはり実現できません。

では「真のブランディング」とは、一体どのようなものでしょう――?

厳しい時代を生き抜く鍵は、誰にも真似できない「独自性」

ここで、ブランディングの定義をお伝えしておきましょう。

実はブランディングに確定的な定義は存在せず、人によりさまざまな解釈がなされているのですが、ブランディングの核心を、もっとも的確に表現していると私が考えているものはこちらです。

ブランディングとは……

自社、あるいは自社製品／サービスの独自性を明確化し、
それを正しいメッセージ（Message）として、
正しい手段（Media：メディア）で、
正しい対象（Market：マーケット）に伝え、
顧客の認識の中に特定のイメージを醸成することによって
顧客から選ばれる存在になること

定義の中核に「独自性」が置かれているとおり、ブランディングにおいては独自性を際立たせることが命題となっています。実際に現在のビジネス環境を考慮すると、どの業種にとっても、どの製品／サービスにとっても、「独自性」が最強の武器になります。

というのも、日本の市場はライフサイクルでみると、すでに「成長期」「安定期」を過ぎ、「成熟期」に入っています。市場には製品／サービスが飽和状態で、人口減少がますます進行していくことを考え併せると、今後、企業は縮小した市場でいっそう厳しい戦いを強いられることになります。

同時に、近年の目覚ましい技術革新によって、高品質で安価な製品／サービスが大量に提供されるようになったため、飽和状態の市場ではコモディティ化が進んでいます。コモディティ化とは、製品／サービスが「どれも代わり映えがしない」、つまり一般化・均質化してしまい、市場価値と競争優位性を失ってしまう現象です。この状況下では、製品／サービスはその物理的価値だけで勝負することはできないのです。

経営者の方の中には、需要が供給を上回っていた時代を生きてこられ、今でも「いいモノを作りさえすれば、自然と売れるものだ」という固定観念をお持ちの方もいます。しかし機能や性能に優れた「いいモノ」を作るだけでは、企業は生き残っていくことさえ難しい時代を迎えています。

明確な独自性を持った製品／サービスを作り、戦略をもって積極的に情報を発信していく。この「独自性」と「発信力」をもつことが、今、企業に強く求められています。そして、この課題を解決する最良の方法のひとつがブランディングです。

では、ブランディングでは具体的に何をおこなうのでしょう？

すでにお伝えしたように、ブランディングは決して、たんなるデザインでもなければ、たんなるプロモーション施策でもありません。それらを含んだ総合的な改革の体系です。全体像をつかむため、まずは大きな要素と構造を知っておきましょう。

日本企業が知らない「ブランディングの3つのフェーズ」

ブランディングには、大きく3つのフェーズ（側面）があります。

ひとつは、多くの人がブランディングの主活動ととらえている、製品やパッケージ、ロゴ、カタログやウェブサイトなど販促物のデザインに関する領域で、専門的には「クリエイションフェーズ」と呼ばれています。

もうひとつの側面は、PRや広告、イベントやSNSなどを活用したプロモーションキャンペーンなどの施策を実行する「戦術フェーズ」です。

そして最後のひとつは「戦略フェーズ」です。「戦略フェーズ」はブランディングの根幹をなす要素で、まず「企業としてどうなりたいか」「ブランドとしてどうなりたいか」というヴィジョンを明確にし、そのヴィジョン達成のためにどのような方法を講じていくかを、総合的・体系的に打ち立てるものです。

人々から愛され、支持され続けるブランドの構築には、これら3つのフェーズのどれひとつとして、欠かすことはできません。こうした基本的な知識を持たずにブランディングを実施すると、どんなに資金を注ぎ込んだところで成功することは難しいでしょう。

後述しますが、実際に日本の多くの中小企業は、明確な戦略を立てないまま「クリエイションフェーズ」と「戦術フェーズ」に多大な労力とお金を投じ、その結果、思ったような実績が作れなかったという憂き目にあっています。

「マーケティング」と「ブランディング」はどういう関係？

「ブランディングとは何か？」をわかりにくくしているひとつの要因に、マーケティングとの違いや両者の関係性について、理解が混乱していることが挙げられます。

この「マーケティング」という言葉も、それ自体定義が曖昧で、「人それぞれの解釈」と「使う場面」によって、意味を微妙に変え用いられています。

端的にいうと、マーケティングは「売れるための仕組みづくり」です。

製品／サービスを売るためには、さまざまな活動が必要です。顧客のニーズを把握する、製品／サービスに顧客価値を生み出す、最適な価格を設定する、最適な販売方法を選定する、効果的な販売促進策をおこなう、認知向上を図る、顧客を開拓する、顧客をファンに醸成する、上位製品／サービスに誘導する、製品／サービスへの肯定的なイメージをほかの人々に拡散する――。

これらを実現するために、市場の調査・分析（マーケットリサーチ）、ターゲット設定、製品開発（プロダクトマネジメント）、価格戦略、流通戦略（チャネル戦略）、プロモーション&コミュニケーション戦略の策定などをおこない、継続的かつ発展的な売り上げを作っていく、その仕組みがマーケティングです。

ブランディングとマーケティングの関係性でいうと、ブランディングは前述のとおり、「独自性」を強力に打ち出して、顧客から選ばれる製品/サービスになることを目的としています。そして、それを実現するために、マーケティングを手段として活用します。

つまりブランディングの立場からみると、「ブランディングが目的であり、マーケティングはその手段である」という関係性があります。別の言い方をすれば「ブランディングは、マーケティングのゴールである」ともいえるでしょう。

一大ブームとなった「CI戦略」と「ブランディング」の決定的な違い

ブランディングと混同されがちなもうひとつのビジネス戦略はCIです。

すでにお伝えしたとおり、1980年代から90年代の好景気を背景に、日本のビジネス界、とりわけ大手企業の間には「CI（Corporate Identity：コーポレート・アイデンティティ）戦略ブーム」が起こりました。CIとは、直訳すると「企業の自己統一性」です。その企業の独自性、固有性を、統一されたイメージやデザイン、メッセージなどわかりやすい形で表現しようというものです。

CIの構成要素には「マインド アイデンティティ（Mind Identity：理念の統一）」「ビヘイビア アイデンティティ（Behavior Identity：行動の統一）」「ヴィジュアル アイデンティティ（Visual Identity：視覚の統一）」の3つがあり、具体的には「企業理念」「定量的・定性的なヴィジョン」「行動規範」「社名」「ブランド名」「ロゴ」「コーポレートカラー」「コーポレートキャラクター」などの制定や刷新が行われます。

しかし実際には「ヴィジュアル アイデンティティ」のみが重視され、各企業が当時おこなったCIプロジェクトは「企業のロゴデザインを刷新して終了」というケースが多くみられたのです。その結果、「ＣＩとはデザインである」「企業精神をロゴで表現することである」という誤解が蔓延していきました。

ＣＩ戦略の流行はバブル景気の崩壊とともに終わり、それと入れ替わるようにアメリカで台頭したビジネス戦略がブランディングです。日本においては、私の実感では２０００年代に入る頃から、ファッションや宝飾品、車などの高級商材以外の一般的な製品についてもブランディングの必要性が問われ始め、ビジネスにおけるひとつの戦略だと認知されるようになりました。

ここでＣＩとブランディングを比較しておきましょう。「独自性」「固有性」を統一されたイメージやデザインメッセージによって明確に発信するという点では、ＣＩとブランディングは根底で通じる部分があります。しかし両者には決定的な違いがあります。

◇ＣＩは、企業側からの一方通行の発信である
◇ブランディングは、顧客側がどう感じるか、どう評価するか
　というイメージや理解を育成するプロセスである

これは「ブランド」の本質が「企業がどう表現するか」でなく、「顧客がどう受け止めたか」であることを示しています。ブランドは企業が所有するかけがえのない資産ではありますが、実質的には企業側が決定づけるものではなく、顧客側の認識によって決定されるものなのです。

そしてこの点こそが、現在、ＣＩ戦略でなくブランディングが求められる大きな理由となっています。かつてＣＩ戦略がブームであった頃と違い、現在ではインターネットを通じて、顧客自身が膨大な情報を多様なチャネルから安価かつスピーディに入手することができます。さらに製品／サービスの印象など、情報を自ら発信し、それが瞬く間に不特定多数の人々に拡散され、大きな影響力を及ぼします。

このように、消費者主導の市場へと環境が大きく変化したため、企業は「一方的な発信」だけでなく、「顧客のイメージや理解を育成する」ためにブランディングの必要性に迫られているのです。

今さら聞けない「そもそもブランドって何？」

前述のとおり、ブランドは「企業（または製品／サービス）の総合力の他者評価」である。これが私の持論です。

ブランドは、いくら企業側が大量のお金を注ぎ込み、大がかりなプロモーションキャンペーンをおこなったとしても、顧客が共感を持ち価値を感じなければ成立しません。すでにお伝えしたように、ブランドは「顧客の認識の中」で作られるものです。

顧客は特定の企業、あるいは製品／サービスと触れ合うたびに、イメージを蓄積していきます。そして、それらによって形作られた総合的なイメージ（評価）が、その製品／サービスに対する購買行動の意思決定を左右します。

ブランディングは、このプロセス全体を対象に、複合的な施策をおこなって、顧客からの評価を最大限に高める取り組みです。少し詳しくご説明していきましょう。

ここ数年、「カスタマーエクスペリエンス」という言葉がよく使われるようになりました。これは直訳すると「顧客体験」となります。顧客が製品／サービスと初めて出合い、ほかのものと比較したり深く情報を得たりしながら検討し、購入に至り、実際に利用し、アフターフォローを受け、ファンとなっていく一連のプロセスを「カスタマージャーニー」と呼びます。このカスタマージャーニーにおいて、顧客が製品／サービスとの接点（タッチポイント）で得る、心理的・感覚的な体験が「カスタマーエクスペリエンス」です。

たとえば、著名人を起用したPRを目にした顧客が、製品に対して高級なイメージを持ったり、企業に対する信頼感を強くすることがあります。また、欲しいと思っていた商品の魅力的な広告と絶妙なタイミングで出合ったとき、一気に興味と欲求が高まり、具体的な購買行動につながることもあります。ほかにも、資料請求をしたときの、誠実かつ的確な対応によってもたらされる安心感や信頼感。製品コンセプトやブランドアイデンティティへの強い共感。店舗で美しい製品を目にしたときの感動。使用したときの快適さと機能への満足感。購入後の手厚いアフターフォローから受ける好感——。

ブランドとしての価値を高めるには、製品自体の価値向上に努めるだけでなく、このようなすべてのタッチポイントにおいて、カスタマーエクスペリエンスの価値を最大化することが命題となります。

現実として、あらゆるタッチポイントが顧客のブランドイメージを大きく左右します。そのため、タッチポイントは良好なイメージを持たれるチャンスであると同時に、毀損する可能性もあるのだと、しっかり意識することが重要です。

さらにいえば、今や顧客が受けた印象はその人の内部に留まらず、利用しているツイッター、インスタグラム、フェイスブック、ブログ、クチコミサイトなどのソーシャルメディアを通じて、一気に不特定多数の人々に拡散していきます。そしてご存知のとおり、こうしたクチコミ的な情報は、現在、個人の購買行動に非常に大きな影響力を持っています。

製品／サービスが愛され、売れ続けるか否か――。それは、かつてとは比較にならないほど顧客の「知覚価値」、つまり顧客が主観的に評価した、その製品／サービスの総合的な価値に負っているのです。そのため、一般的なマーケティングやＣＩのような「企業視点の戦略」でなく、「顧客視点の戦略」であるブランディングが、より重要度を増してきています。

あなたの会社のブランド力をアップする3つの要因

前項で、現在は製品／サービスの客観的な「物理的価値」でなく、顧客が主観的に評価する「知覚価値」が重要であり、この「知覚価値」がブランド力に大きく影響するとお伝えしました。

知覚価値は、顧客が製品／サービスから得られるすべてのもの（＝総顧客価値）から、それと引き替えに費やす全てのもの（＝総顧客コスト）を差し引いたものと考えられます。「総顧客価値」には、製品の機能、品質、信頼性、性能、デザイン、希少性などの「製品価値」、保守やメンテナンス、提供する従業員の対応など製品に付帯する「サービス価値」、そして「イメージ価値」が含まれます。そしてコストには、金銭的コスト、時間的コストだけでなく、手間や労力などのエネルギーコストや心理的コストも含まれます。

顧客は製品／サービスとのタッチポイントで、無意識のうちにこのような知覚価値の総合評価をおこない、買うか買わないかを決定しています。よって企業は顧客の知覚（パーセプション：Perception）に働きかけ、知覚価値を最大化するよう努めます。この活動が、ブランディングです。

ブランディングによって知覚価値を高める上では、３つの重要な要素があります。

◇ブランドアイデンティティ
◇ファン
◇エンドースメント

【ブランドアイデンティティ】

最初に挙げた「ブランドアイデンティティ」は、一般的にはあまり耳慣れない言葉かもしれません。「ブランドメッセージ」や「タグライン」などと表現されるケースもありますが、「ブランドアイデンティティ」は、そのブランドの特性を端的に表現した短い文章のことです。

文字数としては、短すぎるとそのブランドの特性を表現することが難しく、また長すぎると印象として残りにくいので、一般的には25文字前後が良いと言われています。企業は「ブランドアイデンティティ」を発信し、それを受け取った顧客が抱くブランドへの認識が「ブランドイメージ」です。

ブランドアイデンティティは本来、非常に深い意味や思いを含んだものです。そのため、誰にでも理解できる簡略な言葉で表現するのは、現実的に無理があるのも事実です。しかし感性に訴える「非言語コミュニケーション」には限界がありますので、企業や事業の規模、対象顧客の規模が拡大していくプロセスのどこかで、企業はブランドアイデンティティの言語化に踏み切る必要があります。ブランドアイデンティティを明確に発信することで、より強力な知覚価値を、顧客の心に生むことができます。

【ファン】

次に挙げた「ファン」は、「ロイヤルカスタマー（Loyal Customer：忠誠心がある顧客）」と呼ばれる「超優良顧客」と、購入には至っていないものの、製品／サービスの熱烈な支持者である「憧れ客」を指します。

「憧れ客」は、たとえ購入行動をとらなくても、製品／サービスに関連する情報を特別な高評価、熱烈な愛着心、感動とともに人々に拡散するため、ブランドの認知を広げ、顧客やファンを増やすことにつながります。ロイヤルカスタマーと憧れ客は、ブランディングにとって、近年さらに重要度が増している要素です。

現在、スマートフォンやタブレットの爆発的な普及によって、ビジネスにおけるインターネットの影響力は増大する一方です。企業やブランドのホームページを開設して豊富な情報やイメージを発信したり、新たな販売チャネルとしてEC（通販）サイトを開設したり、ソーシャルメディアを用いて多様なスタイルのプロモーションやコミュニケーションを図るなど、積極的に活用している企業も多いでしょう。

企業にとっては発信できる情報量、顧客とのタッチポイントが格段に増えるので、新規顧客を獲得する上でも、顧客をファンに醸成する上でも、インターネットの活用は有効な施策となります。しかしここで注目したいのは、インターネットによって「ファンの影響力が増大したこと」「ファンがファンを生む場ができたこと」です。

製品／サービスとなんらかのタッチポイントを持った人が、ネット上のソーシャルメディアを通じてクチコミ的なメッセージや情報を発信することがしばしばあります。こうしたクチコミは、企業のコントロールを受けていない率直な感想、意見として一定の信頼を寄せられます。

マーケティングの世界的権威、フィリップ・コトラーは、この点を強調して「顧客に対する一般的なマーケティング・コミュニケーションよりも、4つのFファクターのほうが信頼を獲得するのに有効である」と述べています。

このFファクターとは「friends（友人）」「families（家族）」「Facebook fans（フェイスブックのファン）」「Twitter followers（ツイッターのフォロワー）」を指しています。友人、家族と並んで、ソーシャルメディアでつながる人々が挙げられていますが、コトラーはさまざまな調査結果から、ほとんどの顧客は購入を検討する際にソーシャルメディア上で見知らぬ人たちにアドバイスを求め、広告や専門家の意見よりもそれらを信用すると結論づけています。

さらに、このように高い信頼度をもつクチコミが拡散し、共感を呼んで集団的にファンを形成していく流れが作られるケースも、今では珍しいことではありません。現在のソーシャルメディアの発信力と影響力の強さをみると、ひとりのファンが企業の手を介さず多くのファンを生み出す状況は、かつてとは比較にならないほど拡大しているといえるでしょう。

【エンドースメント】

３つ目の要素は「エンドースメント（endorsement）」です。本来の語義は「承認」「支援」「推奨」ですが、ここでは、その製品／サービスの知覚価値を高めるような「推奨行動」「権威づけ」「お墨つき」のことを指します。

たとえば、著名人が公の場でその製品／サービスを使用する、あるいは使用していることを公言するのも、ひとつのエンドースメントです。著名人が使用していると聞くだけで、その製品／サービスに対する興味が強化されたり、メジャー感や信頼感を高めるなどの効果があります。さらに、その著名人自身のイメージが、製品／サービスに付加される効果もあります。知的で上品な俳優が使用すればそのイメージが製品／サービスに加わり、トップアスリートが使用すれば、やはりそのイメージが製品／サービスに加わって機能への信頼感を高めます。

このように推奨する存在を「エンドーサー」といいますが、エンドーサーは人に限りません。よい印象が人々の間に広く定着している存在であれば、どのようなものでもエンドーサーになり得ます。

たとえば、「高級ホテルで使用されている家具」「在外日本大使の公用車として採用された車」「皇室御用達のカバン」などが大きな訴求力をもつことは、容易に想像できることと思います。

先のケースのように、著名人の認知度やイメージを利用したい場合には、CMや広告、

PRイベントへの起用が一般的ですが、「ブランドアンバサダー」として起用するケースも効果的です。ブランドアンバサダーは、企業から依頼して、著名人にブランドへの好意的なメッセージを発信してもらうもので、「ブランド大使」というような位置づけです。

ほかのエンドースメントの例では、「受賞歴」が挙げられます。経済産業省、総務省、環境省、中小企業庁、地方自治体などの官公庁が主催するものをはじめ、国際的な認知度のあるデザイン賞、ビジネス関連の大手メディアが主催する賞など多様な賞が存在します。受賞歴は、認知度や信頼性において決して有利とはいえない中小企業にとって、ブランド力を高めビジネスに確実に貢献する要素でもあります。

もうひとつ覚えておきたいエンドースメントは、「プロダクト・プレイスメント」です。これはテレビ番組や、映画、劇中で、背景や小道具として製品を使ってもらい、ブランド名や商品名を表示させる手法です。ブランドヴィジビリティ（Brand Visibility：ブランドの認知度、視認性）を高めることと、イメージアップに役立ちます。テレビの連続ドラマなどでは「あの女優さんが着ていた服はどこのブランドのもの?」「乗っていた自転車はどこのブランドのもの?」という問い合わせがしばしば局側に寄せられますが、そういった現象に示されているとおり、視聴者に強い印象を残し購買欲求を高めます。

最近では、テレビドラマをハードディスクに録画し、ＣＭをとばして視聴する人々が増えていることもあり、カットできない番組内に製品を登場させるこの手法への注目度は、より高まっています。

ここまでにお伝えしたように、ブランド力は顧客たちの行動によって自然に高まっていくこともありますが、ブランディングプロジェクトにおいては、これらを高めるための繊細かつ包括的な仕掛けを戦略的に作り、積極的な働きかけを実行していきます。

「効果がなかったブランディング」には明確な理由がある

私はこれまでに数多くの企業のブランディング事例に触れてきましたが、ブランディングの失敗例には、いくつかの共通する要因があります。

◇明確な「企業理念」がない
◇明確な「ヴィジョン」がない
◇明確な「戦略」がない
◇明確な「ブランドアイデンティティ」がない
◇明確な「ブランド体系」がない

「専門家に依頼してブランディングをおこなったけれど、上手くいかなかった」「期待した成果がみられなかった」というケースは、このうちいずれか、または全部に該当している可能性があります。

また、「これらすべてを含んだブランディングプロジェクトを実施したけれど、効果が得られなかった」という場合は、全体として矛盾をはらんでいたか、いずれかの要素が明確性を欠いていたことが考えられます。「明確さは力なり」という言葉があるとおり、明確性が損なわれている場合、本来の力は発揮されません。一つひとつ簡単にみていきましょう。

まず「企業理念」ですが、これはご存知のとおり、企業が目指すべき理想や、社会の中での使命、存在意義をあらわすもので、企業が存在する「目的」ともいえます。「企業理念」のほか、「企業精神」「社是」「クレド（ラテン語で信条の意味）」などさまざまな名称で呼ばれるケースがあります。

企業理念は、会社運営の根幹です。経営、事業、業務、すべての意思決定の基軸となるものですから、これがない場合や、あっても単なる「お飾り」であったり、企業の本質的なあり方とずれたものである場合、効果をもたらすことは期待できません。そのため、私が実施するブランディングプロジェクトでは多くの場合、理念の策定や見直しからスタートします。

ふたつ目に挙げた「ヴィジョン」は、企業理念にもとづいて打ち立てた明確な「目標」のことです。会社やブランドが将来どうなっていたいかという「あるべき姿」を、定性的な目標、あるいは定量的な目標として具体的に示します。「3年後、製品Aをカテゴリーシェア1位にする」「1年後、新規開発したIOT製品を新たなブランドの中核としてリリースする」など、達成時期や数値目標を具体的に掲げることで、有効性が高まります。

次の「戦略」は、前述のヴィジョンを実現するための具体的な方法、手段のことです。「企業理念」に沿った「ヴィジョン」を達成するべく、長期的視野と複合的な思考をもって、有効な方針を決定していきます。

「明確な戦略の欠如」は、日本企業においてブランディングが上手くいかなかった原因の筆頭となっているので、次項でさらに詳しくお伝えしましょう。

次に挙げた「ブランドアイデンティティ」は、すでにご紹介したとおり、ブランドの特性を端的に表現した短い文章です。言語化することで、それまでは従業員一人ひとりの中でバラバラだったブランドのイメージが統一されます。すると製造、広告宣伝、営業、販売などヴァリューチェーンにおけるすべての領域の従業員が統一イメージを具現化できるようになり、ブランドイメージは顧客に向けて、よりクリアに表現されるようになります。
もちろん、ブランドアイデンティティそのものを、適切なメディアを通じて顧客に伝えることも重要です。

またブランドアイデンティティは、後述する「ポジショニング戦略」において、自社がひとり勝ちするマーケットを創り出すことにも大きくかかわってくるため、時間をかけ慎重に検討することが大切です。

最後の「ブランド体系」は、製品ラインナップを魅力あるものに厳選した上で、価値が顧客に伝わりやすくなるようグループ化するものです。

製品ラインナップが多すぎて、顧客から見た場合、どの製品を選んだらよいかわからないということが多々あります。実際に、顧客に選択肢を多く与えすぎると、企業側に販売のチャンスロスを引き起こす弊害が発生します。

コロンビア・ビジネススクールの教授、シーナ・アイエンガー氏の著書『選択の科学』(文芸春秋社)には、「買い物客とジャムの研究」という有名な実証実験が紹介されています。24種類のジャムを取りそろえた売り場と、6種類に絞った売り場で比較すると、来店客数については前者のほうが多いものの、購入者数では前者は後者の10分の1しか得られませんでした。つまり、選択肢が多すぎることは判断を鈍らせる要因となり、購買に至らないという結果を示したのです。

よって、自社の都合により戦略性がないまま増え続けた製品ラインナップを持つ企業に対しては、製品別の重要度を判断する「ＡＢＣ分析」などを実施します。その結果、売上や利益への貢献度、あるいはブランド価値の向上に寄与していない製品については、極力なくすことを提言しています。その上で、既存の製品ラインナップを、「顧客属性」「製品特性」「価格帯」などによってグループ化し、新たなブランド体系を再構築する作業をおこないます。

こうした作業をおこなわず、意味もなく巨大化・複雑化した製品ラインナップを抱えたままブランディングを実施すると、それが弊害になるケースが多々見受けられます。

ここに挙げた5つは、どれもブランディングの成否を左右する重要なポイントです。中でも明確な戦略の欠如によって失敗するケースは非常に多くみられますので、なぜそのような現象が生じているのか、原因を知っておきましょう。

日本企業の「戦略なきブランディング」がまねく残念な結末

ブランディングの本来の手順は、まず理念に沿って「どういったブランドになりたいか」というブランドヴィジョンを明確にし、そのヴィジョン実現のための戦略を定め、その上で戦略にもとづいた各種戦術プランを策定する、という流れです。

ところが日本の中小企業の場合、まず「何をやるか?」という発想から入ってしまうケースがほとんどです。実際に、私がブランディングプロデューサーとして経営者の方とお会いすると、「何ができるか提案してください」と最初の段階で言われることがあります。しかし本来は、まず「ブランドとしてどうなりたいか」が明確になっていることが、施策提案の前提条件です。

中には、「もちろん大きな収益を上げて豊かな経営を実現することが本来の目的だが、そのためにブランドをどのような方針でどのような姿に育てればいいのかわからない」という方もいらっしゃるでしょう。そのような場合はブランドヴィジョンを明確にすることからスタートする必要があります。

ところがこのようなブランディングの根幹的な重要事項を含んだ「戦略フェーズ」をスキップして、「クリエイションフェーズ」や「戦術フェーズ」に進んでしまう企業が非常に多くみられます。これはブランディングに関する重要な知識が、経営者に欠けていることが原因です。

経営者がブランディングに着手しようとした場合、多くは相談する先として広告代理店を選ぶのではないでしょうか。このとき大手の広告代理店であれば、ブランディングにおける戦略策定の重要性を理解した、専門知識とスキルを有したスタッフが存在します。しかし、そういったスタッフは、膨大な広告予算をもったナショナルクライアントにアサインされるので、中小企業が依頼する場合、専門知識を有したスタッフが担当し戦略策定からおこなってもらえるケースは、現実的になかなかありません。

また中小企業の場合、大手広告代理店ではなく、付き合いのある中小規模の広告代理店、あるいはデザイン会社、ＰＲ代理店に依頼することが多いでしょう。ところがこうした会社のうち、豊富な知識と経験をもって戦略策定をおこなえるところはほとんどないのが実情と思われます。

というのも、そもそもこれらの会社はクリエイションやプロモーション等を専門におこなう業者であって、クライアント企業の経営や事業に関する戦略策定を手がける役割は担っていないのです。そのことをクライアント企業が理解せず、本来は自社でしっかりおこなうべき戦略策定をないがしろにしたまま、広告代理店などに丸投げをしてしまっているのが実態です。

こうして、広告出稿、ＰＲイベントの実施などの施策やブランドロゴや販促シールなどのデザインの刷新が、意図も脈絡もなく広告代理店やデザイン事務所から提案され、企業側もよくわからないまま実施を決めてしまうことになります。

私のクライアントの中にも、過去にこうした苦い経験を経て、新たに弊社にブランディングプロジェクトを依頼してこられた企業が少なからず存在します。広告代理店に限られた予算を全部与えて戦略不在のブランディングプロジェクトをおこない、結局、何の成果も得られないまま終わってしまったケースや、デザイン会社にカタログやＷＥＢのデザイン刷新を依頼し、何となくそれなりのモノはできあがったが、結局売り上げ向上には全く寄与しなかったというケースです。

多大な資金や時間、労力を投入したのに、効果が得られない――。こうした残念な結末を回避するには、ブランディングを「戦略フェーズ」から構築できるパートナーと手を組むことが理想的ですが、日本の現状として、中小企業を対象としたブランディング専門会社の中で、それに応える能力を持ったところがほとんどないのは先に述べた通りです。

ブランディングを成功させるには、まず自社でしっかりと戦略を組み、それにしたがって「戦術フェーズ」や「クリエイションフェーズ」を広告代理店やデザインオフィスなどに依頼するという手順が、もっとも成功の確率を高めるのは言うまでもありません。

ブランディングにおける戦略の重要性や具体的な策定手法については、第3章以降で、さらに詳しく説明していきます。

《POINT》
＊ブランディングとは「自社あるいは自社製品／サービスの独自性を明確化し、それを正しいメッセージとして、正しいメディアで、正しいマーケットに伝え、顧客の認識の中に特定のイメージを醸成することによって〝顧客から選ばれる存在〟になること」
＊ブランディングには、①戦略フェーズ、②戦術フェーズ、③クリエイションフェーズという3つの側面があり、戦略フェーズがすべての基盤となる

＊マーケティングは「売れるための仕組みづくり」。
ブランディングという目的のために、マーケティングという手段を活用する
＊ブランドは企業（製品／サービス）の総合力の「他者評価」。
あらゆるタッチポイントで最高のカスタマーエクスペリエンスを提供することが命題
＊「ブランドアイデンティティの策定」「ファン客への育成戦略の実行」
「多様なエンドースメントの活用」が、ブランド力向上のポイント
＊ブランディング失敗の理由は、明確な「企業理念」「ヴィジョン」「戦略」
「ブランドアイデンティティ」「ブランド体系」の欠如

第2章

リーディングブランドだけが手にする5つのメリット

THE LEADING BRAND STRATEGY

The best management strategy for winning

「量的成長」から「質的成長」の時代へ

ブランディングの目的は、たんに「企業によいイメージをつけること」ではありませんし、「目立たせること」でもありません。それらを実現することで「稼ぐ」、つまり収益を拡大し、経営基盤を安定させることが本来の目的です。

企業にとって「売上拡大」「利益の最大化」の手法はいくつもあります。

売上拡大は、販売促進策を積極的に仕掛けることで実現できます。たとえば各種キャンペーン、特売、フランチャイズ展開、ライセンス供与、販売チャネルの拡大、営業部員増強と営業強化など、多様な戦術を併せ用いて大きな相乗効果を狙うことが可能です。

一方、利益の最大化には原価削減をはじめ、人件費、旅費交通費、接待交際費、広告宣伝費等の販管費の削減、事務所の移転などによるコストカットをはじめとした改革、改善が有効です。

しかし、いずれも「持続可能性」の観点からみると、得策とはいえません。これは一般的にいえることですが、「短期的に成果をあげることは、多くの場合、長期的な好ましい成果とはならない」のです。

またビジネス環境の変化を受け、現在では従来の成長戦略や事業拡大戦略が通用しなくなっています。すでに大量生産、大量消費で企業が成長する時代は終わり、「量的成長」でなく「質的成長」を果たすことが求められています。あなたの会社はこの変化をとらえ、順応した事業運営をおこなっているでしょうか？

中長期的なスパンで売上拡大と利益の最大化を図るためにも、ビジネス環境の変化に適応して成長するためにも、経営戦略の中心にブランディングを据え、「質的成長」を目指すことが、今の時代には求められています。

それではブランディング戦略によってリーディングブランドとなった企業が手に入れる、５つのメリットを具体的にご紹介しておきましょう。

（1）価格プレミアムを得て、価格競争を回避できる

リーディングブランドを構築することによって得られるメリットのひとつは、価格プレミアムを実現し、苦しい価格競争を回避できることです。価格プレミアムとは、顧客がブランドに対して「ほかの製品より余分に支払ってもいい」と考える割増価格（価格の割増分）のことをいいます。

製品／サービスの価格を上げることは、企業の収益力アップに大きく貢献します。マッキンゼーがおこなった大規模調査の分析結果によれば、価格を1％上げると営業利益は11％上昇し、「固定費や変動費の削減」「売上数の拡大」など、ほかの施策と比較しても有効性が高いことが示されています。

しかし製品／サービスの値上げなど、簡単にできるものではありません。「値上げによって顧客が離れてしまう」という心配もありますし、「取引先からの値下げ要求が厳しくて、上げるどころの状況ではない」というのが実情でしょう。リーディングブランドの構築は、この問題を解決します。

消費者心理は時代によって変化しますが、日本の市場では、すでに10年以上前から「消

費行動の二極化」が認められています。これは、ひとりの人が「こだわりのあるモノについては高くても買い、どうでもいいモノについてはできる限り安くすませる」という消費行動をとっていることを意味します。

経済産業省がおこなった消費者意識調査によれば、この消費行動は、低所得層から富裕層まで一様にみられるもので、「高くても購入しよう」と決めるときに重視されている要素は「デザインのよさ」「コンセプトの独自性」「商品の希少性」であると示されています。独自性を際立たせるブランディングは、こうした消費者意識に真っ直ぐ応える最良の方策です。

私が実際にブランディングを手がけたケースでも、これまでに価格を引き上げて失敗した例はありません。顧客がそのブランドに特別な価値を見出し、「高くても買う」「高いだけの価値がある」と感じられるよう充分な施策を講じた上で、価格を上げているからです。こうした施策を上手く実行したリーディングブランドは、価格競争に陥るリスクを低減することができます。

（2）新規顧客とリピート客が増えて売上アップ

たとえ小さな領域であっても、いったんリーディングブランドとして名を馳せるようになると、企業の成長は飛躍的な伸びをみせます。企業が特別な投資をしなくても自然と認知が広まり、新規顧客が増え、顧客のリピート率が上がり、ファン客として醸成されていく流れができ、収益が上がります。

これはブランディングで構築した、緻密で有効性の高い仕組みによるものでもありますし、同時にリーディングブランドという地位によって新たに獲得した価値がもたらすものでもあります。

戦略的ブランディングによって包括的に構成された仕組みは強力です。練り込まれたブランドアイデンティティを中心に、名称、ロゴ、各種デザインを通じて統一したイメージを表現することで、製品／サービスの魅力がより鮮明に引き立ち、顧客に伝わりやすくなります。

さらに、それらを適切なターゲットに届け、心を強く捉えるよう、広告、ＰＲ、イベントをはじめとする「プロモーション」をおこない、同時に顧客とのタッチポイントにおけるカスタマーエクスペリエンスを最善にする「コミュニケーション」をおこなうなど、一貫した戦略に従った各種戦術を実行します。

顧客からの好ましい反応は、さまざまな形であらわれます。問い合わせ件数の増加、好感度の上昇、販売数と売上の増加、リピート率の上昇など、さまざまな指標で効果が示されますので、これらを分析評価し、新たな調査を加えながら長期間にわたってマネジメントすることで、継続的な成長が実現できます。

ときに、こうした戦略的ブランディングをおこなわなくても、単発のプロモーション施策で一定の効果が得られることもあります。それは好ましいことではありますが、場当たり的な施策による成功は再現できないため、企業の安定した力にはなりません。

同様に、顧客との関係構築に長けた有能な営業部員、販売員によって、良好な売上が果たされている企業もあるでしょう。しかしこうした属人性の強いスタイルは、その人物が退社してしまえば能力が失われてしまいますから、企業としては大きなリスクをはらんでいることになります。

戦略的ブランディングでは仕組みをつくり、さらに個々人の知識や経験値を共有し、従業員の業務品質を高いクオリティに均質化していきます。顧客関係を深めていくノウハウについても、個人が保有するのではなく、企業が保有するシステムにしていくので、リスクを低減することになります。

このように、ブランディングで構築した仕組みを回していくことで、リーディングブランドは必要以上に無駄な投資も労力も使うことなく、成長を継続していくことが可能となります。

リーディングブランドとなることで、新規顧客の増加、リピート率の増加が実現するもうひとつの理由は、人々の間に「○○といえばこのブランド」という認識が確立されることです。

このように、何の手がかりもなく思い起こせることを「純粋想起」、とくに真っ先に思いつくことを「第一想起」と呼びますが、「店頭で見て思い出した」などの「助成想起」とくらべて、より強く顧客の意識に印象づけられていることを示しています。このこと自体が非常に大きな価値をもちます。

ブランディング以前に、製品／サービスの品質と機能を磨くことは前提ですが、リーディングブランドになると、顧客は品質と機能を厳密に検討することなく、「このブランドだから」という理由で製品／サービスを選び、購入するようになります。

たとえばアップル社が提供するアイフォン（iPhone）は、携帯して使用するものであるにもかかわらず、ある時期「通常の使い方をしていても、バッテリーが1日もたない」という状況が多くの人々にみられました。電力を大きく消費するゲームアプリや動画アプリなどが多数リリースされ、気軽に使用されるようになった一方で、バッテリーの性能がそれに応えることができなかったためです。

このとき顧客がとった行動は、「ポータブルのバッテリーを購入してアイフォンとともに持ち歩く」というものでした。ほかのスマートフォンに買い替えるのでなく、日常の不便を受け入れてでもアイフォンを使用し続けることを選択したのです。リーディングブランドは、ときに機能、性能の劣性をもカバーする力を発揮します。

(3) 取引先と有利な条件で取引可能になる

リーディングブランドは、顧客だけでなく取引先からも良好なイメージを持たれます。たとえ会社の規模が小さくても、たとえ企業として若くても、一定の信頼と尊敬を得ることができる点は大きなメリットです。

「○○といえばこのブランド」という認識が一定数の人々の間で広まると、新規、既存問わず、さまざまな取引先がその製品/サービスの取扱いを求めアプローチしてきます。原材料や部品の調達先からは、「ウチの製品を使ってほしい」「御社の製品の部品を提供していることをオープンにしてよいか」など、売り込みを中心とした声がかかります。また卸業者や小売業者からは、製品/サービスの取扱いを求めて引き合いがきます。こうなると、ビジネス上のパワーバランスが従来のものから大きく変化します。

ビジネス上、一般的な商品の取引については多くの場合、「発注企業優位」「販売店優位」などのパワーバランスに置かれます。価格、数量、納期、支払条件、支払期日、取引にかかる費用負担などの条件が、一方的に発注企業の都合によって決定されたり変更されたりし、受注企業が不利益を被ることは珍しくありません。

しかしリーディングブランドになると、その関係性から一気に脱却し、公正なビジネスをおこなえるようになります。

もちろん、有力ブランドとして多くの引き合いを受ける立場になっても、取引先の選定や関係性について、戦略に従いコントロールすることが必要です。自社製品／サービスの販売先は、必ずしも「多ければ多いほどよい」ということではないためです。

たとえば流通戦略には、①開放型、②排他型、③選択型、という3つの種類があり、それぞれメリットとデメリットがあります。

「開放型」は、自社の製品／サービスの販売をおこなう先を限定せず、広範囲にわたって流通させるものです。一気にシェアを拡大する可能性をはらんでいるものの、流通のコントロールが容易でなく、また流通業者間で販売競争が発生するので価格の下落などの恐れがあります。

これに対して「排他型」は、特定の地域や流通業者のみに、独占販売権を与える手法です。この場合の販売先は「代理店」「特約店」と呼ばれます。ブランディングにおいては、特別なケースにおいてこのスタイルをとることがあります。

もうひとつの「選択型」は、流通業者それぞれの販売力、資金力、自社への協力度、競合製品／サービスの取り扱い状況などの特性を総合的に判断して選択するものです。製品／サービスの独自性を謳い、ターゲットを絞り込んでマーケットを設定するブランディングにおいては、主にこの選択型をとります。自社のブランド特性を踏まえ、適切な業者を選定することで、ブランドの価値向上と売上向上を同時に果たすことが可能となります。

(4)コストをかけない、好意的なメディア露出機会の最大化

リーディングブランドを目指し、包括的なプロモーションを実行することで、メディア露出の機会とその効果は最大化されます。プロモーションについては混乱しやすい点があるため、少し整理しておきましょう。

プロモーションは、販売促進のための活動全般を指します。主要なものを挙げると、以下の5つの手法に分類されます。

◇広告……企業が広告主となり、有償で情報を発信するもの。テレビやラジオで放送されるCM、新聞や雑誌、インターネットに掲載される広告、看板など。目的別の種類としては、ブランドの信念や価値観、今年のトレンド性などを感覚的に伝える目的の「イメージ広告」と、購買行動につなげることを目的とした「レスポンス広告」のふたつがある

◇セールスプロモーション……顧客を購買につなげる販売促進活動のことで、短期的な売上向上を果たす。展示会や見本市への出展など流通業者に向けておこなうものと、クーポンの配布や店頭キャンペーン、カタログやパンフレットの配布など消費者に対してお

こなうものがある

◇人的販売……対面による販売活動のこと。見込客に対する訪問販売、セールスパーソンによる店頭販売、実演販売など

◇パブリシティ＆ＰＲ……パブリシティ（Publicity）は、基本的に無償でマスメディアから情報を発信してもらうための活動。テレビ、新聞、雑誌、インターネットメディアなどのマスメディアに対して、プレスリリース（press release：報道発表）をはじめとする情報提供をおこなう。ＰＲ（Public Relations）は、顧客との関係性を良好に築くための活動。ＰＲイベント、記者発表会、メディア向け内覧会の実施など

◇ダイレクトマーケティング……顧客個人から直接反応を得るためのマーケティング施策の総称。おもなメディアはダイレクトメールとインターネット

とくに意識しておきたいのは、「広告」と「パブリシティ」の違いです。広告は、企業がお金を支払って広告枠（掲載スペース、放送時間など）を購入するものです。

一方、パブリシティは、マスメディアや個人のクチコミなど、第三者から評価を得て発信されます。企業は、マスメディアや個人に向けて、自社ブランドについて肯定的な評価を発信してもらえるようアプローチします。

パブリシティは、顧客から一般的な「宣伝」とは別のものと受け止められ、また発信元であるマスメディアの権威や信頼性という裏づけを得ることもできるため、強力な効果を生みます。

ブランディングでは認知を上げるだけでなく、ブランドへの理解や信頼などポジティブなイメージを浸透させることを目的に、戦略を立ててプロモーション施策を連動させ、最大限の相乗効果や波及効果を狙います。

とくに大きな力を発揮するのはパブリシティで、そのため企業側は信頼ある大手メディアから肯定的に自社ブランドを紹介してもらえるよう、対象メディアに合わせたスタイル・内容で情報提供をおこないます。

リーディングブランドになると、テレビや雑誌等で何か特集企画が組まれる際、その企画に該当する製品／サービスを探している番組や雑誌の担当者から認知されやすくなるので、メディアのほうから、取材させてほしいというオファーが増えてきます。

こうしてメディアと良好な関係が構築され、影響力のあるメディアでのブランド紹介が増えると、次々と他メディアから取材依頼が舞い込む「記事が記事を呼ぶ」という現象が起きます。こういった状況は、各メディアにアプローチする手間がかからないだけでなく費用も不要なため、企業にとっては大きなメリットとなります。

(5) 有能な従業員の確保、定着化が容易になる

現在、経営者の方々と様々なお話をする中で、もっとも多く聞かれる悩みは人材に関する問題です。労働人口の減少が叫ばれる中、働き手不足の問題が顕在化しており、特に昨今の売り手市場においては、求めるスペックを有した若手人材の採用に、多くの経営者が苦慮されています。

「労働条件を求職者にとって、もっと魅力的なものにするべきか」「短時間労働や自宅勤務の仕組みを導入しようか」「それとも外国人の採用を活発にするか」など、さまざまな解決策を思い浮かべながら頭を悩ませている経営者の方も多いことでしょう。

ブランディングがうまく進むと、リクルーティングにも波及効果が顕著にあらわれます。認知が広がり、イメージアップがなされ、求職者に選ばれやすくなるため、多くの企業で「採用応募者数が増加する」「優秀な人材の応募が増加する」という好ましい変化がみられます。

私がご支援をしたクライアント企業でも、ブランディングを実施してからほんの1～2年の間に、かつてなかったような有能な人材が次々と応募してくるようになったケースも

あります。

この企業のケースは、メジャーなテレビ番組や雑誌で企業としての取り組みが紹介されたこともあり、その効果が大きく影響したといえるでしょう。もちろん、メディアで紹介してもらうことができたのは、たんに幸運だったわけではなく、ブランディングのプロモーション施策のひとつとして、各メディアにアプローチをした成果です。戦略的なブランディングは、「偶然に（運よく）選ばれる機会を増やす」のではなく、「必然的に選ばれる」状況を作ります。

いうまでもなく、人材は企業にとって最大の宝、企業を成長させるもっとも重要な経営資源です。ブランディングを実行することで、顧客が会社や製品／サービスに対して好感を高めるのと同じように、既存社員や人材市場においても好感が高まり、その結果として人材を優位に確保、定着させることにつながるのです。

《POINT》

＊リーディングブランドが享受する主要なメリットは以下の５つ

（１）「価格プレミアム」を得て、価格競争を回避できる

（２）新規顧客とリピート客が増えて売上アップ

（３）取引先と有利な条件で取引可能になる

（４）コストをかけない、好意的なメディア露出機会が最大化する

（５）有能な従業員の確保、定着化が容易になる

第3章

経営者が知っておくべきリーディングブランド構築の3大原則

THE LEADING BRAND STRATEGY

The best management strategy for winning

今や「ブランディング」は経営者のもっとも重要な仕事

社長がトップダウンで舵を切り、限られた人員で会社を動かしていく中小企業では、経営のあらゆる領域の責任を社長がダイレクトに担っています。

率先してヴィジョンを定めて発信し、戦略を策定し、人事の采配をおこない、人によっては資金管理も担当されています。どれも会社の行方を左右する重要な業務ですが、現在ブランディングは、社長にとってこれらと同様、もしくはこれら以上に重要な仕事となっています。

ブランディングの重要性はこれまでにお伝えしてきたとおりですが、その実施には、経営者自身が陣頭指揮をとる必要があります。トップが深く関与しないと、ブランディングは決して上手くいきません。

現実に、アップル、ナイキ、スターバックス、ダイソン、フェイスブック、アマゾンなど、製品の魅力のみならず、ブランディングによって大きな成長を果たした企業は、トップが率先してブランディングプロジェクトを遂行しています。

「マーケティングチーム」や「ブランディング室」などを作り、そこに任せきりにしている企業で、本当の意味で成功しているケースはほとんど存在しません。マーケティング担当部署がいくら頑張って、カタログやホームページのデザインを刷新し、派手な広告キャンペーンをおこなったとしても、それだけでは本当のリーディングブランドを構築することはできないのです。

強いブランドの構築には、マーケティング機能の強化だけでなく、企画、研究開発、生産、営業、販売、管理など、機能横断的な会社全体の変革が求められます。

まずは製品自体を、目指すべきブランドと整合性があるものにしなくてはなりません。そのためには製品開発部門、製造部門が、しっかりとブランディングのターゲットや実施の背景、趣旨、戦略、目標などを認識し、それに向けた製品づくりに取り組む必要があります。

また営業、販売部門も、そのブランドに見合った接客・販売技術を身につけることが求められます。さらに財務部門は、ブランディングにおける費用対効果を充分に理解し、仮に単年度が赤字になるとしても、中長期的にブランディングがもたらす財務的恩恵をしっかりと認識し、最初のうちは投資であるという認識を持ちながら、中長期計画を組む必要があります。

場合によっては、短期的結果を重視する部署とブランディング的見地から中長期的な結果を重視する部署間の利害関係がぶつかり合うなどして意見を一本化できず、正しい結論にたどり着けないケースも多々あります。その際には、ブランディングを牽引する経営トップの〝英断〟が求められます。

このことに関連して、私がコンサルティング業務をお受けする際、相談に来られた企業にお願いしていることがあります。

ブランディングプロジェクトには、かならず経営者の方（もし社長自身の関与が難しい場合は、社長のご子息などナンバー2クラスの方）にご参加いただきたいということです。そしてほぼすべてのケースで、社長はじめ経営幹部の方々に、定例のブランディング会議にご参加いただいています。

ブランディングプロジェクトでは、さまざまな場面で、重要な決裁を下す必要があります。そのとき、決裁する経営者が詳細を理解していなくては、最善の判断ができないためです。

本章では、ブランディングの陣頭指揮をとる経営者が、かならず知っておかなくてはならない「リーディングブランドになるための三大原則」をお伝えします。

（1）日本企業、最大の弱点を克服する「戦略的思考の原則」

グローバル視点で日本企業を俯瞰したとき、ビジネス上もっとも大きな弱点となっているのが「戦略（Strategy）」がないこと、「戦略性（Strategic）」に欠けていることです。これは、そもそも日本人がロジカルシンキング（Logical Thinking：論理的思考）に慣れていないことが原因です。実際に日本人は、欧米諸国の人々と比べてロジカルシンキングが不得手であることが、統計的に示されています。

近年でこそ日本でも大手企業を中心に、論理的に考えるためのさまざまな手法が用いられるようになりました。シンプルなものでは、以下のような思考ツールが知られています。

◇ロジックツリー……ものごとを分解（細分化）していく手法。問題解決において、どこに問題が発生しているかを探ることなどに向いている

◇ピラミッドストラクチャ……ものごとを組み立て構造化していく手法。「主張と根拠」「事象と原因」などを階層に分け、階層を重ねることで全体として論理的整合性を図り体系的な理解を助ける

◇フレームワーク……ビジネスの分析、思考のためのツールや枠組みの総称。「ポーターの5F（戦略）」「マッキンゼーの7S分析（人事／戦略）」「ヴァリューチェーン」「マーケティングの3C分析」「マーケティングの4P分析」など
◇仮説思考……今ある情報をもとに推測して仮の結論を出し、それを検証して結論とする思考法。ひとつの判断をくだすとき、広く知識や情報を集めて分析し結論を導き出す手法とくらべて、迅速に結論を得ることができる

論理的な思考は、判断の正確性をアップします。さらに人に伝える場面では、説得力や交渉力を高めます。また新たな問題に直面し、これまでの考え方の枠組みではうまく答えを出せないケースでも、結論を導くことを助けます。

しかし日本のビジネスの現場では、こうしたロジカルシンキングに基づいた戦略策定が浸透していません。未だに「戦略的」とは対極にある「場当たり的」な決断、実行がおこなわれ、成長の機会を逃すのみならず、苦い失敗を招いています。また、たとえ「戦略を立てて事業を推進している」という企業であっても、実際にお話を聞いてみると、たんなる努力目標や精神論的なスローガンを立てただけで、戦略として組み立てられていない、というケースが多くみられます。

では、本来の「戦略」とはどのように定義されるものでしょう？

『大辞林』（三省堂）によれば、戦略とは「長期的・全体的展望に立った闘争の準備・計画・運用の方法。戦略の具体的遂行である戦術とは区別される」とあります。ビジネスやブランディングにおいても、大枠ではこのとおりです。

本書ではここまでに、戦略とは企業の「経営理念」に基づいた「ヴィジョン（目標）」を実現するための手段であるとお伝えしてきました。さらにその本質を具体的にあらわすと、以下のようになります。

戦略とは、「ミッション（使命）」にもとづいた
「ヴィジョン（目標）」を実現するための
資源配分に関する活動方針である

つまり戦略は、単なる目標でも単なるスローガンでもなく、企業の普遍的な信念や価値観であるミッション（使命）に基づき制定されたビジョン（目標）を実現するために、資金や人材をはじめとする経営資源をどのように配分して取組むかの方針を明確にプランす

ることです。

現在、実際に戦略をプランするにあたっては、ピーター・ドラッカー氏が生み出し、後にGE社（米国ゼネラル・エレクトリック社）のCEO、ジャック・ウェルチ氏によってメジャーになった「選択と集中（Concentration in Core Competence）」という概念が重視されています。

これは、自社の得意とする事業分野を見極めて、そこに経営資源を集中的に投下する手法です。「競合他社に対して、圧倒的なアドバンテージを持っている事業分野」「自社独自の技術やノウハウを豊富に保有している事業分野」「他社が容易には真似できない技術やスキルを用いた事業分野」を、コア事業として選んであらゆる経営資源を投入し、そのほかについてはある意味、捨てることを意味します。除外したノンコア事業は、事業規模の縮小、撤退、事業売却などを検討します。

ジャック・ウェルチ氏は、GE社でこの「選択と集中」戦略を実行することによって、20年間に売上高を5倍強、純利益を8倍強に飛躍させました。その成果により「20世紀最高の経営者」とも称されています。

もうひとつ、現在のビジネス環境を考慮した戦略策定のポイントとして、「俯瞰逆算思考」を用いることが勧められます。

俯瞰逆算思考は「バックキャスティング（Back casting）」とも呼ばれ、「フォアキャスティング（Fore casting）」と対になり理解されている手法です。ごく簡単にいうと、「フォアキャスティング」は現在を基点として未来を構想する手法、そして「バックキャスティング」は未来を基点として現在何をなすべきかを構想する手法です。

「フォアキャスティング」では、まず現状を分析し、過去のデータなどを参考にしながら、実現可能な小さな目標を先へ先へと積み重ねていきます。それらを一つひとつクリアして進んでいくことで、大きな目標達成につなげます。現在から連続的に延長した未来の築き方といえるでしょう。

もう一方の「バックキャスティング」では、まず目標とする未来像を描きます。そして逆算するように、それをかなえるためには前段階でこうあるべきだ、さらにその前段階ではこうあるべきだ、というように達成目標を設定していきます。現在から連続していない、跳躍的な未来像の築き方です。たとえば5年後に革新的な新サービスを提供するという目標を立て、その実現ためのステップを現在にまで遡って計画するものです。

現在のようにビジネス環境が目まぐるしく変わる状況下では、何事も「予定どおり」には進みません。とくに中長期スパンの計画は、途上で何度も修正が必要になるため、「フォアキャスティング」の緻密かつ着実な計画は崩壊するリスクが高い状況にあります。そのため、戦略策定に「バックキャスティング」を重視することが求められています。

（2）矛盾、ズレ、不調和をなくして推進力を最大にする「一貫性の原則」

強いブランドを作るには、プロジェクトにおけるあらゆる計画、あらゆる活動、あらゆる決断について、「一貫性」をもつことが重要です。矛盾やズレが存在すると、ブランディングはたちまち明確性と力強さを失って、期待した効果を得ることが難しくなります。

たとえば、もっとも顧客の目に触れ、かつ印象に残りやすいのは「デザイン」ですが、デザイン全般に一貫性がないと、イメージが曖昧になってしまい、ブランドを認識してもらいづらくなります。デザインにおける一貫性は、「そのブランドらしさ」が統一的に表現されているかどうかで計られます。

製品、パッケージはもとより、WEBサイト、カタログ、チラシ、プレゼンテーションツールなどの販促ツール、それからオフィス、ショールームなどの空間デザイン、ユニホームなども同様です。顧客がそれらをひと目見て、そのブランドだと認識し、さらに好意的な印象を想起させることが肝要です。

さらにデザインは、ブランディングの根底となる「理念」をはじめ、「ブランドアイデンティティ」などを反映し、それらと一貫した整合性をもっている必要があります。

逆にいえば、この一貫性さえ実現されていれば、最終的な表現物であるデザインを刷新しても、ブランドイメージが曖昧になったり毀損されたりすることはありません。

たとえば海外のファッション系ハイブランドが主席デザイナーを変え、製品のデザインを刷新することがあります。それでもブランドのイメージが大きく損なわれたり、「そのブランドらしさ」を失ったりすることはなく、「新鮮味がある」「進化した」など、ブランドの成長、新陳代謝と受け止められます。

このように、ブランディングにおける一貫性は、すべての要素、すべての関係性において求められます。

ほかの例では「ＰＲイベント」「パブリシティ」の方針や演出、表現についても「理念」や「ブランドアイデンティティ」などと一貫性をもっていなければ、顧客の内面に明瞭なイメージが描かれません。

一方、「理念」と「戦略」、「戦略」と「戦術」にも一貫性が必要です。これらがチグハグであったら、やはりブランディングを成功させることは難しくなるでしょう。

同様にマーケティング戦略の要素（マーケティングミックスの４Ｐ）として、「製品戦略（Product）」「価格戦略（Price）」「流通戦略（Place）」「プロモーション戦略（Promotion）」がありますが、これらについて一貫性が欠けている場合も問題です。

また時系列の観点で一貫性をもつことも重要です。たとえば「今年の戦略」は「去年の戦略」を踏襲したものになっていることが必要です。

もし毎年の戦略が、それぞれ脈絡なく策定されたら、実施する従業員は自社がどのような未来を目指しているのか混乱します。モチベーションも低下し、全社一丸となって本気で取組むことはできず、最大限の推進力を発揮して目標を達成することは難しくなります。また社外の人々にも、自社のあり方や意思が伝わらず、「あの会社は何がしたいんだ？」ということになります。

また場当たり的な施策は、自社の成長にとっても大きなデメリットとなります。経験というものは、過去を活かし現在を重ねていくことで大きな価値をもちます。脈絡なくただ経験の数を増やしても、記憶や情報が残るのみで、大きな学びや成長につなげることはできません。戦略を策定する段階で、しっかり意識しておきたいポイントです。

一貫性という観点では、「社内の意思・意識」についても留意することが必要です。せっかく「理念」や「ヴィジョン」を作っても、それらを従業員に充分浸透させていないと、従業員の判断も構想も活動もバラバラになってしまいます。会社というひとつの船に乗った従業員が、それぞれ別々の方向に船を動かそうとすれば、船はどこにも向かうことができません。

このような一貫性を実現するには、社内全般を俯瞰で見渡し、統括的にブランドマネジメントをする人材が必要です。たとえば責任者としてＣＢＯ（Chief Branding Officer：最高ブランド責任者）を置くことができればその人物にまかせることができますが、多くの中小企業ではそのような人材を置く余裕はありません。

そのため、社長自身が統括することが求められます。社長が全社を掌握し、陣頭指揮をとって一貫性を実現する。それがブランディング成功への秘訣といえるでしょう。

(3) 形なきものを形にするブランディングに必須の「言語化の原則」

ブランディング3大原則の3つ目は、「言語化の原則」です。

場の空気を読み、人の思いを察する――。これらの言葉によらない理解は「気配り」や「思いやり」とも一体になった、日本人に深く根づいた慣習です。日本は多民族国家とは異なって、共通した言語、文化、生活様式のもとに暮らしているため、比較的類似した価値観と思考的背景をもっています。そのため伝える努力やスキルがなくても、お互いに相手の意図を察し合うことで情報伝達できる土壌があります。

一般的に、非言語の相互理解がおこなわれる環境はよいものと捉えられていますが、理解に齟齬があってはいけないビジネスにおいては、こうした行動パターンが問題を生じさせることがあります。「言葉にしてこそ、思いは伝わる」、日本人はついそのことを忘れがちで、「伝えたつもり」「わかったつもり」による大小のトラブルは日常的なこととなっています。

一方、グローバル企業では、徹底した言語化がおこなわれています。人種、出身国、母国語、価値観、文化的背景が異なった多様な人々がともに働く環境ですから、言葉を尽くして伝える努力が必要です。こうした環境では、違いを乗り越えるために言葉が必要であることを、当事者が強く自覚しています。

「言葉にして表現しないと正確に伝わらない」「想像を超えた重大な誤解が生じてしまう」ということが前提として理解されているため、言語化による明確な意思伝達スタイルが、職場やグローバルなビジネス環境全体にしっかりと形成されています。

日本においても、労働環境のグローバル化、働き方や働く人のダイバーシティ（Diversity：多様性）が進んでいるため、今後はますます意識して言語化を徹底していかないと、スムーズな業務が成り立たなくなります。今や社内や取引先に外国人がいることは珍しくなく、大企業はもちろん、地方の工場においても多国籍な労働者環境があります。

また労働力不足対策として、高齢者雇用を活発におこなったり、定年の引き上げをおこなったりしている企業も多くあり、世代による価値観や慣習の違いも存在します。

世代間格差については単純な年齢の格差だけでなく、ほかにも留意するべき視点があります。経済的豊かさと挑戦する機会に恵まれた「バブル世代」と、その正反対の環境におかれ抑圧されてきた「氷河期世代」。

ＩＴ関連のことをすべて若い人に任せ避けてきた高齢の「アナログ世代」と、生まれたとき、あるいは学生時代にはインターネットやパソコンがあった「デジタルネイティブ世代」。さらに近年では、学生時代にはすでにスマートフォンやタブレットなどのモバイル端末が普及していたため、パソコンを使えない「ネオ・デジタルネイティブ世代」も出現しています。

価値観の形成にはその時代の様相が大きく作用するため、社会環境が大きく変貌を遂げたこの数十年の間に、さまざま異なった価値観をもつ世代が生まれているのです。

さらに近年では女性の管理職登用、役員登用も進んでいますので、性別による価値観の違いが理解の齟齬を生む場面もあります。こうした違いを埋め合わせることができるのは、やはり言葉です。

かつては「アレをやっておいてよ」「いちいち説明などしていられない、見て覚えろ」「いわなくてもわかるだろう」など、乏しいコミュニケーションでなんとか通用していたかもしれません。しかし今や、言語化による細やかな情報共有と意思伝達が必須の時代となっています。

ブランディングでは、「理念」「ブランドアイデンティティ」「理想の未来像」「実現したいデザインのイメージ」など、形なきものを共有し合わなくてはならない場面が多々あります。普段おこなっている業務と比べても、さらに言葉を尽くして伝える努力が必要です。

ちなみにデザイナーは非言語表現のプロフェッショナルですが、優秀なデザイナーは自身のデザインについて、その目的・背景・効果などを明確に言葉で表現することができます。芸術作品のような一方通行の表現であれば、言葉による説明は不要ですが、クライアントの要求に応え、特定の効果を狙い目的を持って創作物を制作する場合には、言葉によって関与者の相互理解を得ることが欠かせないのです。

一般的に外資系企業は日系企業よりブランディングプロジェクトの成果が大きい傾向があります。その第一の理由は「戦略的であること」ですが、「言語化が徹底されていること」も大きな理由のひとつになっていると私は実感しています。

言語化には、「正確に伝えること」以外にも、さまざまな効能があります。人は頭の中にあるものを言葉にして表現するとき、「情報を整理して体系化する」「必要な部分について具体化、あるいは抽象化して情報をより明確にする」「筋の通った理論を立てる」という思考プロセスを自然におこなっています。これが有用な効果を生みます。

ひとつは、伝えようとしている人自身の理解が深まることです。たとえば、頭の中で漠然と考えていることをあらためて言葉にして書こうとすると、自分が何をわかっていないかが明確になったり、自分の考えの矛盾に気づいたりし、より深く考えるよう促されます。また最適な言葉を探し選択することで、伝えたいことの輪郭が自身の中でより鮮明になり、明確性も磨かれていきます。

さらに、前項で「一貫性」の重要性をお伝えしましたが、実は一貫性は言語化と深く関連していて、一貫性がとれているかどうかは言語化することによって、より明確になります。

もうひとつの効能としては、言葉にするとそれが既成事実としてより強いパワーを持ち始めることが、心理学の分野で定説となっています。たとえば「自分は○○する」と目標を言語化すると、その意思と達成への自信が強固になり、実際に達成率が上がることがわかっています。

これは「パーミッション（permission：内的承認）」と呼ばれています。また同じことを他者に対しておこなうと、さらに効果が上がることも知られており、こちらは「コミットメント（commitment：外的宣誓）と呼ばれています。

理念や目標を共有する上でも、伝えたいことを正確に伝えて認識の相違を防ぐためにも、言語化して表現することは必須です。とくにビジネスにおいては数字とロジック（Logic：論理）が重要であるため、あらゆることを言語化しなければ成り立ちません。その上で、曖昧な表現や情報の不足がないよう務める必要があります。

「ブランディングは、ロゴ、製品、パッケージ、店舗、WEBサイトなどのデザインである」という誤解が蔓延していることもあり、非言語の表現だと思っている方が多くあります。

しかし実際には、理念の言語化、目標の言語化、ブランドアイデンティティの言語化、マーケティング戦略をはじめとした各種戦略の言語化など、簡略な言葉では表現しづらいことも言葉にしますし、非言語表現であるデザインについても、その制作プロセスではイメージを徹底的に言語化して関与者全員で共有に努めます。言語化してこそ、強いブランドを実現できるといえるのです。

《POINT》

＊経営者自身が陣頭指揮をとり、全社横断的なプロジェクトを実現しなければ、ブランディングは成功しない

＊リーディングブランド構築の３大原則は、①戦略的思考の原則、②一貫性の原則、③言語化の原則

＊論理的思考、戦略的思考を実践することで、日本企業特有の弱点を克服できる

＊「選択と集中」「俯瞰逆算思考」が効果的である

＊ブランディングのあらゆる要素に一貫性を確立することが、プロジェクトの矛盾、ブレ、不調和をなくしてブランディングを成功に導く

＊イメージを扱うブランディングプロジェクトでは、「空気を読み、思いを察する」習慣を離れ、言語化を徹底すること

＊言語化には効用がさまざまあり、目標達成を現実化する力も強める

第4章

圧倒的ナンバーワンになるポジショニング戦略

THE LEADING BRAND STRATEGY

The best management strategy for winning

ポジショニングが、ブランドの運命を決める

リーディングブランドの構築において、戦略の中核となるのが「ポジショニング戦略」です。

ここでいうポジションとは、「マーケットにおける立ち位置」です。見方を変えると、「顧客の認識（イメージ）の中での立ち位置」ということもできます。

ブランディングでは、競合との差別化を充分におこないながら、自社ブランドの「独自性」を表現し、そのイメージを顧客の認識の中に植えつけていきます。そして顧客がそのブランドに対して、「ほかに代えられない価値」を感じ、購買行動に至ることを目指します。そのためには、具体的にどのような独自性を打ち出し勝負するべきなのか、その「ユニークな位置づけ」を明確にし、実現していくことが必要です。これを実現するために立てるプランが「ポジショニング戦略」です。まずは概要を整理しておきましょう。

ブランディングは、「すべての顧客をターゲットにしたモノは、真の意味では誰からも必要とされない」という考えを前提にしています。

そのため、すべての顧客（＝マーケット）を対象とする「マス・マーケティング」はおこないません。狙う顧客を効果的に絞り込み、独自の立ち位置を決めて市場にアピールする「ターゲット・マーケティング」を実行します。

このターゲット・マーケティングをおこなう際のメジャーなフレームワークとして「ＳＴＰ戦略」があります。ポジショニングは、そのひとつの要素です。「Ｓ」「Ｔ」「Ｐ」は、それぞれ以下のとおりです。

◇「Ｓ」……セグメンテーション（Segmentation：市場細分化）
特定の切り口によって市場を細分化すること

◇「Ｔ」……ターゲティング（Targeting：標的市場の選定）
セグメンテーションで細分化したセグメントの中から、ターゲットとなる市場を選び出すこと

◇「Ｐ」……ポジショニング（Positioning：ポジションの確立）
ターゲットとして定めた市場において、もっとも効果的に顧客が求める価値を訴求できる立ち位置を確立すること（顧客に認識してほしい独自の価値を決めること）

「ＳＴＰ戦略」は、「市場を細分化する（セグメンテーション）」→「細分化された中から、標的市場を選定する（ターゲティング）」→「その市場でもっとも効果的に自社の独自性を訴求できる立ち位置を確立する（ポジショニング）」という一連の流れで進行します。

たとえば、以下はカフェチェーン「スターバックス」のケースです。よく知られているとおり、スターバックスは「家でも職場でもない、くつろぎの空間、サードプレイス（第３の居場所）」というコンセプトを他社に先駆けて実現したことにより、大きな成功を手にしています。

【セグメンテーション】
「大都市圏か、地方都市か」「経済的地位が高いか、低いか」などのセグメントで市場を細分化

【ターゲティング】
セグメンテーションをもとに、「大都市の、経済的に余裕がある、オフィスワーカー」を主要なターゲットに設定

【ポジショニング】
「高価格で美味しいコーヒーを、おしゃれで高級感がある空間で提供する」

この独自性が人々に強く支持され、スターバックスは世界的な店舗拡大を急速に実現することに成功しました。

もうひとつのケースとして、「すき家」を挙げましょう。こちらは吉野家との激しい競争下で2位の地位に甘んじていたときに、リブランディング（ブランド再構築）を実行しました。その結果、吉野家を逆転して最大手の地位獲得を果たしています。

【セグメンテーション】
従来……牛丼市場
再構築後……外食および中食市場
【ターゲティング】
従来……働く男性
再構築後……ファミリー、女性

【ポジショニング】

従来……早く、安く、お腹が満たされる

再構築後……楽しい食卓を、家庭の外で、気軽に実現する

すき家を含め、従来の牛丼チェーンは同じ市場で、同じターゲットに対し、同じ価値を提供して闘っていました。すき家はその方針を大きく転換し、それまでは男性のひとり客であったメインターゲットを、家族連れや女性にシフト。さらにポジショニングで設定した「楽しい食卓を、家庭の外で、気軽に」を実現するために、「豊富なメニュー展開」「テーブル席の設置」「女性が入りやすい雰囲気作り」などをおこないました。

新たな顧客となったファミリー層や女性層は、従来の牛丼店という認識に加え、新たに「家族で楽しめる気軽な飲食店」という認識をもち、「ファミリーレストラン」「ファストフードショップ」と並ぶ選択肢として、すき家を位置づけています。

このように、ポジショニング戦略では「闘わずして勝てるマーケット」を見つけることを意識します。そしてもし、それが見つからないようであれば、新たに創り出します。顧

客の潜在的なニーズを先回りして捉え、マーケットを創出するのです。これが、ポジショニング戦略で勝つための定石と言えます。

ポジショニング戦略は、ブランディングの成否を決定づける、きわめて重要な戦略です。実際にポジションの取り方ひとつで、その後のブランドの運命が大きく変わりますので、総力を注いで検討するよう心がけましょう。

「差別化して競争に勝つ」のでなく「独自性を確立して競争せずに勝つ」

ポジショニング戦略について、ひとつ誤解されがちな点があります。「ポジショニング戦略は、差別化戦略だ」という思い違いです。この点を誤解してたんなる「差別化」に邁進してしまうと、製品／サービスがどんなに素晴らしくても、苦しいだけで実りのない価格競争に陥ってしまいます。

たとえば競合ブランドとの差別化を図ろうとすると、原材料を高価なものにしたり、次々と機能を追加したり、品質レベルを高めるなどの改善を重ねることになります。しかし、競合ももちろん同様の改善をおこないます。「差別化戦略」という道を選び、競合との比較にさらされている限り、このイタチごっこは終わりません。

そのうち、機能や性能は顧客が求めているレベルを超えてしまい、顧客にとってはどうでもいい「厚さが0・5ミリ薄くなった」「操作スピードが2％迅速に」などの「過剰価値」を追求するしか差別化の方法がなくなります。

しかし過剰価値は、顧客にとって意味のある差別性にはなりません。企業がどんなに苦労してそれを実現したとしても、顧客にとってその部分は無価値も同然です。その結果、製品／サービスは高品質・多機能で素晴らしいにもかかわらず、価格競争に陥るしかなくなってしまうのです。

ポジショニング戦略で追求するのは、「差別化」でなく「独自性の確立」です。競合との比較で勝つ「相対的優位」に立つことではなく、顧客からみて、ほかに代えられない独自的な存在になること、つまり競争する必要もなく選ばれる存在である、「絶対的優位」に立つことが目的です。

「絶対的優位」を勝ち取る〝立ち位置〟の見つけ方

では一体どのように「絶対的優位」に立てるポジションを見出したらよいのでしょう？ポジショニングでは、「顧客が価値を感じる独自の立ち位置」を探します。顧客の感性が判断基準である以上、切り口（視点）は無数に存在します。何から考えていけばいいのか、手掛かりがなければ雲をつかむような作業ですが、基本的には顧客の「購買決定要因」を手掛かりにします。

顧客が購入するときに「○○だから気に入った」「○○だから買う」と決める動機となるものが「購買決定要因」ですが、これは顧客によって異なり、またひとりの顧客にもいくつかの動機が存在します。それらを拾い上げ、組み合わせることによって、独自のポジションを見出そうという方法です。「購買決定要因」としては、以下のような視点が考えられます。

◇ブランドの価格的価値
◇ブランドの属性（性質や特徴）
◇ブランドの提供価値

◇ブランドの用途
◇ブランドが使用される時間
◇ブランドが使用される空間

これらの視点から、「顧客が価値を感じる購買決定要因」を拾い出して組み合わせ、独自の立ち位置を打ち立てます。そして競合とのポジションの違いを可視化して確認するため、「ポジショニングマップ」を作ります。

ポジショニングマップは、重要度の高い「購買決定要因」をふたつピックアップして「縦軸」「横軸」にとり、中央でクロスさせたマップです。そこに自社ブランドや競合の位置を書き込むことで、相関関係を明らかにすることができます。

たとえばホテルであれば、展開地域の軸「大都市圏―中規模都市圏」と、クラス感の軸「カジュアル―ラグジュアリー」をクロスさせ、競合がそのマップのどの位置にポジションをとっているかを書き入れ、自社ブランドのポジショニングが適切かどうか確認するケースが考えられます。さらに、この「軸」にしている「購買決定要因」を、別の組み合わせに変えたポジショニングマップをいくつも作り、確認と検討を進めていきます。

捜しても見つからなければ「ひとり勝ちマーケット」を創り出す

リーディングブランドのポジショニングでは「そのマーケットで1位になること」を命題にします。というのも、1位と2位では、価値の差が歴然だからです。

たとえば「世界一高い山はどこですか?」と聞かれた人のほとんどは、「エベレスト」と即答するでしょう。しかし「では世界第2位の山は?」という問いに答えられる人は、そう多くありません。正解は「カラコルム山脈のK2」です。

1位がもつ特別な価値は、認知度の高さだけではありません。ポジティブなイメージと圧倒的な存在感を獲得し、「検討せずに選ばれる存在」へと強力に後押しします。ひとつの例をご紹介しましょう。

エナジードリンクの世界シェア70%を占めるレッドブルは、日本のリポビタンDを参考に生まれた商品です。創業社長ディートリッヒ・マテシッツ氏が、大正製薬という耳慣れない会社の社長が日本の長者番付1位だと知って興味をもち、有力商品のリポビタンDに目をつけ、類似したレッドブルを開発したのが始まりです。

レッドブルは、リポビタンDと同じタウリンを原料にした商品で（現在、日本で販売されているものにはタウリンは含まれていません）、世界にはほかにも類似したドリンクがすでに存在していました。

ここでマテシッツ氏は、独自のポジションをとりました。リポビタンDは疲労回復飲料、つまり「マイナス状態をゼロに戻す」というポジションです。それに対してレッドブルは「エナジードリンク」と銘打って、スポーツ、仕事、レジャーなどあらゆる場面でよりエネルギッシュに活躍したいときに飲む「ゼロをプラスに引き上げるドリンク」というポジションに立ったのです。

レッドブルの缶には、「こころ、からだ、みなぎる」というコピーが書かれています。さらにテレビＣＭなどの広告では「レッドブル 翼を授ける」というコピーによって同じメッセージを伝えています。

またレッドブルは、プロモーションの一環として、エクストリームスポーツのサポートを積極的におこなっています。エクストリームスポーツは、過激なスピードや高さ、危険度や派手さを特徴としたスポーツで、スノーボードやロッククライミングなど一定の歴史や認知度があるものもありますが、街中に設置した氷のコースをアイスホッケーのプロテクターをつけた選手たちが最高時速80キロメートルで滑り降りる「クラッシュドアイス」など、新たな種目も続々と登場しています。

レッドブルがこれらの大会やイベントなどのスポンサーを買って出るのは、「エキサイティングな体験を提供する」というレッドブルのコンセプトを、明確に訴えることができるためです。レッドブルはほかにもクラブイベントのスポンサードなど、スポーツのみならず、ターゲットやコンセプトに合致するカルチャーシーンを選び、活発なプロモーション活動をおこなっています。

こうしたポジショニング戦略によって、日本においてレッドブルは新たな市場を獲得しました。それまでこのようなドリンクは30代以降の男性が飲むものであったのが、レッドブルの登場によって10～20代の若年層を開拓したのです。そして「若者向けの滋養強壮ドリンクといえば、レッドブル」と代名詞になるまでに、その独自性あるポジションが認識されるようになりました。

また、レッドブルが創出した「エナジードリンク市場」にも変化が生じました。レッドブルの目覚ましい躍進に続き、アサヒ飲料の「モンスターエナジー」など競合商品が多数販売され、市場の拡大、カテゴリーエクスパンションが起こったのです。

ポジショニング戦略によって小さなマーケットで1位をとりスタートしたブランドが、世界規模の成功を納めた好例であると同時に、市場の創出から拡大を引き起こした典型的なケースといえるでしょう。

マーケットを広げリーダー企業の価値を上げる“後発参入”を歓迎しよう

小さなカテゴリーで1位になるポジションを築くと、その市場に参入してくる後発企業が高い確率で現れます。このとき、後発企業を倒すべき競合相手とみなし、さまざまな施策を講じて排除することを考えるのは得策ではありません。

むしろ後発企業を歓迎し、とくにPRやパブリシティの面などで協働することを積極的に検討します。これは、「カテゴリーエクスパンション（Category Expansion：カテゴリーの拡張）」という考えにもとづくものです。

先発企業が獲得したのは、あくまでも「小さなマーケットにおける1位」です。この状態から成長するには、マーケット自体を拡張することが必要です。後発企業の参入は、そのカテゴリーのマーケット規模を大きくし、顧客の認知や評価を向上させることにつながります。

一般に、特定のマーケットに参入した先発企業、後発企業には、それぞれ優位性があります。先発企業の優位性のひとつは、価格プレミアムを実現しやすい点です。新たなコンセプトのもと生み出された製品／サービスを、もっとも早く受け入れ購入する顧客層のことを、マーケティングの世界では「イノベーター」と呼びます。イノベーターは「価格の妥当性」を、自身が下した価値評価のみによって判断します。

ほかに比較対象がないことも理由のひとつですが、彼らには「新しいモノ、価値を感じるモノなら高くても購入しよう」という意識が強いからです。そのため、価格プレミアムが付加された価格でも納得の上で購入し、企業は大きな利益を得ることができます。

先発企業のほかの優位性としては、マーケットリーダーとしての、訴求力の強さが挙げられます。たとえば「サイクロン式掃除機といえば、ダイソン」「若者向けの滋養強壮ドリンクといえば、レッドブル」などのように、顧客の認識の中でそのカテゴリーと製品／サービスが一体となり、代名詞として記憶されます。ＰＲ施策をしっかり実施し、後発企業が参入してくる前にこの状況を作っておけば、後発企業を恐れる必要はありません。

ほかにも先発企業は先行している分、経験が蓄積されていますから、生産コストの低減、顧客ニーズのとりこみによる製品／サービスの改善が果たされるなどの優位性があります。

一方、一般的なマーケットにおいては、後発企業にも「開発投資が少なくすむ」「初期の宣伝広告費が抑えられる」「先発企業を参考に低リスクで参入できる」などの優位性がありますが、独自性の高いマーケットで勝負するブランディングにおいては、先発企業が得る価値や優位性と比較して、勝るものはありません。

後発企業が参入してマーケットが大きくなればなるほど、そのマーケットに先発1番手で乗り込み、1位のポジションにいる企業の地位は上がっていきます。

自社ブランドをより大きく成長させたい場合、他社の参入を、競合の出現と単純に捉えるのではなく、そのマーケット自体を成長させるチャンスでもあると捉え、自社ブランドの価値が上がる施策を積極的に検討するほうが賢明です。

ビジネス最大級の特権をもつ「プライスリーダー」になるには

企業は緻密なポジショニング戦略を実行することによって、圧倒的ナンバーワンである「リーディングブランド」になることができます。たとえ小さなマーケットであっても、リーディングブランドになるとさまざまな面で有利なビジネスを展開することができるため、大きな価値があります。

中でも大きな特権は、「プライスリーダー（price leader：価格先導者）」になれることです。

リーディングブランドは、プライスリーダーとして、競合など他社の影響を受けず、自由に価格を設定することができます。独自性ある製品／サービスを提供し、顧客がその価値を高く評価すれば、価格プレミアムをつけることが可能です。

これに対して2位以下の競合は、トップに立つプライスリーダーより高い価格設定がしにくく、プライスリーダーの価格に追随するしかなくなります。価格というビジネス上の重大な戦略要素を、他社に握られている状況です。

マーケットにおいてプライスリーダーであるかどうかは、ビジネス上、非常に重要なポイントです。これを決定づけるのは、マーケットシェア（占有率）です。マーケットシェアが高く、独占的な地位に立ったブランドは、高い収益を得ながら安定的な事業運営ができます。マーケットにおける地位、パワーバランスは、売上高の順位よりも占有率で決まります。

たとえば、「売上業界1位」といっても、「シェア70％の業界1位」と「シェア20％の業界1位」では、ブランドの収益性も、事業運営の安定性も異なります。もちろん、どのような戦略をとるべきかも異なります。

ここで、一般的なマーケットシェアの法則をご紹介しておきましょう。コロンビア大学で数学を専攻するバーナード・クープマン教授が、マーケットシェアとそれに応じた戦略について法則を見出し、目標値を提示しています。マーケティングの世界では「クープマンの目標値」として知られています。

◇26・1％【下限目標値】
トップの地位につく強者の最低条件。このシェアを確保していても「現在、売上1位ブランドだが、僅差の2位ブランドに地位を脅かされている」「現在、売上2位ブランドで、1位を追っている」などさまざまなケースがあり、「安定」「不安定」の境目となっている。これを下回ると、たとえ売上1位であっても、その地位は安定しない

◇41・7％【安定目標値】

相対的に安定した地位となる。他社の動向にまったく影響を受けないわけではないが、安定した事業を展開でき、「事業拡大」「M＆A」などリスクの高い戦略を積極的に仕掛けていくことができる

◇73・9％【上限目標値】

圧倒的な独占的地位。マーケットシェアの最終目標値ともいわれる。下位企業の動向によって影響を受けることがなく、あらゆる面でマーケットの支配力をもつ。大きなマーケットでこれ以上のシェアを得てしまうと、独占禁止法など法規制の縛りを受ける場合があるので、対策が必要になる

大まかにいえば、マーケットの1／3のシェアを占めると、「マーケットリーダー」と

なります。この段階ではまだ「プライスリーダー」ではありませんが、マーケットの2／3以上のシェアを押さえると、圧倒的ナンバーワンのポジションとして、「プライスリーダー」の地位を獲得します。

ここでひとつ意識しておきたいのは、こうした目標値を利用して現状分析や目標設定、戦略の検討をするには、まず「マーケットの範囲」を決めることが必要です。このとき、「商品カテゴリー」「地域」「販路」「顧客」など、さまざまな視点でマーケットを定めることができます。そこで、それぞれについてまずは小さなマーケットの範囲を決め、そこでナンバーワンになることを目指します。そしてそれが実現したら、そのマーケットを拡大して、その中でナンバーワンを目指し、成長を進めていきます。

いきなり大きなマーケットで闘うのとくらべ、小さいマーケットでトップをとり、その実績を足がかりにマーケットを拡張していく戦略は、堅実です。小さいマーケットでの認知度と評価が裏づけとなって、一定の信頼や期待を寄せられた状況での有利な進出となるため、リスクを軽減し、成功の可能性を高めます。

現在のビジネス環境は、情報インフラ、物流インフラの進化により、市場のグローバル化がますます進んでいます。告知コストや流通コストも以前と比べれば、大幅に低下しています。

顧客セグメントを限定したニッチなマーケットでも、ビジネスの対象エリアがローカルからグローバルへと拡大することにより、その潜在的な市場規模は、従来と比較にならないほど大きなスケールとなります。今日の世界では、これまで限られたローカル市場だけを対象に展開してきたニッチビジネスが、より広範なグローバルマーケットを対象にしたビッグビジネスへと成長する可能性が格段に大きくなってきています。

小さなマーケット発「世界のリーディングカンパニー」

ポジショニングによって、企業の運命がガラリと変わること。小さなマーケットでリーダーになることの価値——。私はそれを経験から実感したことがあります。ブランディングプロデューサーとして独立する以前に在籍していた、テクノジムジャパンでの些細な経験です。

テクノジムは、1983年、現CEOであるネリオ・アレッサンドリ氏によって創立された、イタリアに本社を構えるフィットネスマシンメーカーです。

アメリカから発した「フィットネスブーム」がヨーロッパにも広がりをみせていた頃、ボローニャ大学のデザイン工学科に在籍していた21歳のネリオは、はじめてフィットネスクラブに入会しました。そこでデザイン性に乏しい〝鉄の塊〟のマシンを見て、これにデザイン性を加味し、スタイリッシュなマシンを作ることを思いつきました。

ネリオは「テクノロジーとデザインの融合」というコンセプトを掲げ、リビングや書斎、ベッドルームなど、インテリアに違和感なく溶け込み、家具としても魅力的な存在感にあふれたフィットネスマシンを作ろうと考え、翌年起業しました。

それから三十数年を経た現在、テクノジムはイタリアのみならず、ヨーロッパにおいて最大のフィットネスマシンメーカーとなりました。

独自性が際立った製品が大きな支持を受けたのはもちろん、「ウェルネスカンパニー」というブランドメッセージを掲げ、「ポジティブマインド」「バランスのとれた食生活」「定期的な運動習慣」の３つのバランスを保つことでウェルネスライフを送ろうという理念も共感を呼び、現在では世界15ヶ国に子会社をもち、１００ヶ国以上に製品を提供しています。

またフェラーリやマクラーレンなどのＦ１チームをはじめ、ＡＣミラン、レアルマドリード、ＦＣバルセロナ、ユベントスなどの名門サッカーチームとパートナーシップを結び、オリンピックにおいても２０００年のシドニーオリンピックを皮切りに、アテネ、トリノ、北京、ロンドン、リオ、平昌の選手村トレーニング施設のオフィシャルサプライヤーに選ばれています。このような一連のブランディング活動が奏功し、今ではこの業界のグローバルリーディングカンパニーとして不動の地位を獲得しています。

私がテクノジムジャパンに入社したのは２００８年。日本法人は２００３年に設立されたばかりで、フィットネスクラブを対象としたＢ２Ｂ（対企業取引）事業がメインの会社でしたが、新たにコンシューマー事業を立ち上げることになったため、その事業部長として、ヘッドハンティング会社から私に声がかかりました。

当時、私自身はもとより、テクノジムを知る人は日本にほとんどいない状況でした。日本は欧米諸国と比べてフィットネスに対する意識が低く、統計的にみてもフィットネスクラブに通っている人口はおよそ数分の一程度という状況。まして自宅にホームジムを備えている人など皆無の時代でした。

そこで私は、日本におけるホームフィットネス文化の普及を、自身のミッションとして心に据えました。そして考え出したのが、「家具としての意匠性」と「高い機能性」を併せ持つマシンの特色を表す「ファニチャーフィットネスマシン」という造語です。私は商品にメッセージとイメージを加え、新たな市場の創出を試みました。

製品自体が通常の数倍以上という高価格であったこと、そして文化を広げるためには、影響力があるハイエンド層をターゲットにするのが効果的であることから、富裕層を対象に、ホームフィットネス文化の普及のため、イベントやメディアを通じたさまざまな施策を実施しました。

当時、注目されていたインテリアセレクトショップにパートナーショールームという形で製品を常時展示してもらい、そこでイベントを開催。また東京の百貨店でポップアップショールームを展開すると、その影響で全国の主要百貨店においても取り扱いが拡大しました。

そのほか、富裕層を顧客にもつ都心のブティックのＶＩＰサロンでの展示や、男性向けトレンド雑誌とのタイアップ企画を通じて、ホームジムを持つことがステイタスであるムーブメントを醸成していきました。

また２０１０年からは他業種のハイブランドとコラボレーションしたＬＷＬ（Living Wellness in Luxury）という共同ブランディングイベントの企画・オーガナイズをスタートし、富裕層を中心としたエンドユーザー、そして建築家やハウスメーカー、デベロッパーなどの建築関連業界において、認知度を高めていきました。

今では、感度の高い人々や富裕層の間ではかなりの認知度を得ることができ、芸能人やスポーツ選手が自宅で使っているシーンなどが、テレビや雑誌でしばしば紹介されています。

この当時、私は自分のミッションをかなえようと、ひたすら効果的だと思うことを組み上げ実行していきました。しかし今振り返ると、標的マーケットを定め、独自性ある価値を打ち出し、適切なターゲットに対して、ブランドアイデンティティを発信するため、一貫したプロモーション活動をおこなっていたことがわかります。

さらに、その活動の中で顧客体験価値にフォーカスしていたこと、デザインシンキング（Design Thinking：デザイン思考）という手法を取り入れたこと、そして単に製品を提供するのではなく、新しいライフスタイルや価値観を提唱したことが、多くの共感を呼び、ブランドの成長を後押ししたのだと実感しています。

自身が扱う製品が、共感を得て受け入れられ、人々の暮らしや価値観に好ましい変化を及ぼし、社会にささやかなムーブメントを形成する。ブランディングはそれを可能にするパワーを持っています。

《POINT》
＊ブランディングでは、顧客を絞り込み、独自のマーケットで勝利するための「ターゲット・マーケティング」をおこなう。そのメジャーな手法が「ＳＴＰ戦略」
＊「ＳＴＰ戦略」は、①セグメンテーション（市場細分化）→②ターゲティング（標的市場の選定）→③ポジショニング（独自のポジションの確立）
＊ポジショニング戦略は、ブランディングの成否を左右しブランドの運命を決める重要な戦略
＊ブランディングは「差別化ではなく独自性で勝負する」「相対的優位ではなく絶対的優位を目指す」
＊「ひとり勝ちマーケット」が見つからなければ自ら創出すること
＊マーケットの２／３以上のシェアを押さえて「プライスリーダー」になり、有利なビジネスを展開することを目指す

第5章

「費用対効果」を最大化するマーケティングプランの作り方

THE
LEADING
BRAND
STRATEGY

The best management strategy for winning

マーケティングは「アート」と「サイエンス」の融合

近年、ビジネスや学問をはじめ、さまざまな領域で「アート＆サイエンス（Art & Science）」の必要性が語られるようになりました。

「アート＆サイエンス」とは、使われる場面や文脈によって「感性と科学」「感覚と知識」「技術と知識」「直観と論理」「主観と客観」など、微妙に意味を変えて用いられている言葉です。多くの場合、「右脳的な直観や感性」と「左脳的な論理的思考」を併せ用いることを表現しています。

マーケティングも、まさに「アート＆サイエンス」です。

マーケットのニーズをつかみ、将来予測をし、ヴィジョンを描き、顧客の感性に訴えるイメージを創造するなどの作業には、「右脳的な直観や感性」が欠かせません。

また自社とそれを取り巻く環境を客観的に把握・分析したり、緻密な戦略を策定し、さまざまな施策の効果予測、リスク評価、効果の判定をおこなったりするには、「左脳的な論理的思考」を駆使します。

これらを融合させることができず、感覚のみに頼って判断をおこなった場合や、反対に理詰めでプランニングをおこなった場合、マーケティング本来の効果は期待できないでしょう。

日本ではどうしても、「サイエンス」をビジネスに活かす習慣が乏しい傾向があるため、本章では、マーケティングの効果を最大化する有用なツール等、ロジカルシンキング（Logical Thinking：論理的思考）の助けになる手法を中心にお伝えします。

V

フレームワークを使いこなして「勝てるプラン作り」を

ビジネスにおいては多くの場面で、論理的思考によって最適解を導くことが求められます。しかし膨大な情報を集め、豊富な知識を活用して分析し、時間をかけ丁寧に答えを出す余裕は、日本の中小企業にはありません。人材や資金などのリソースには限りがあり、とくにビジネスではスピードが求められます。

そこで活用したいのが「フレームワーク（Framework）」です。フレームワークは、ビジネスの分析、思考のためのツールや枠組みの総称で、戦略策定や問題解決などに非常に役立ちます。

ここではマーケティング戦略の立案に役立つフレームワークをご紹介していきます。それぞれ役割が異なりますので、まずは実際の戦略立案のプロセスに沿って、一般的に使用されるフレームワークをご案内しましょう。

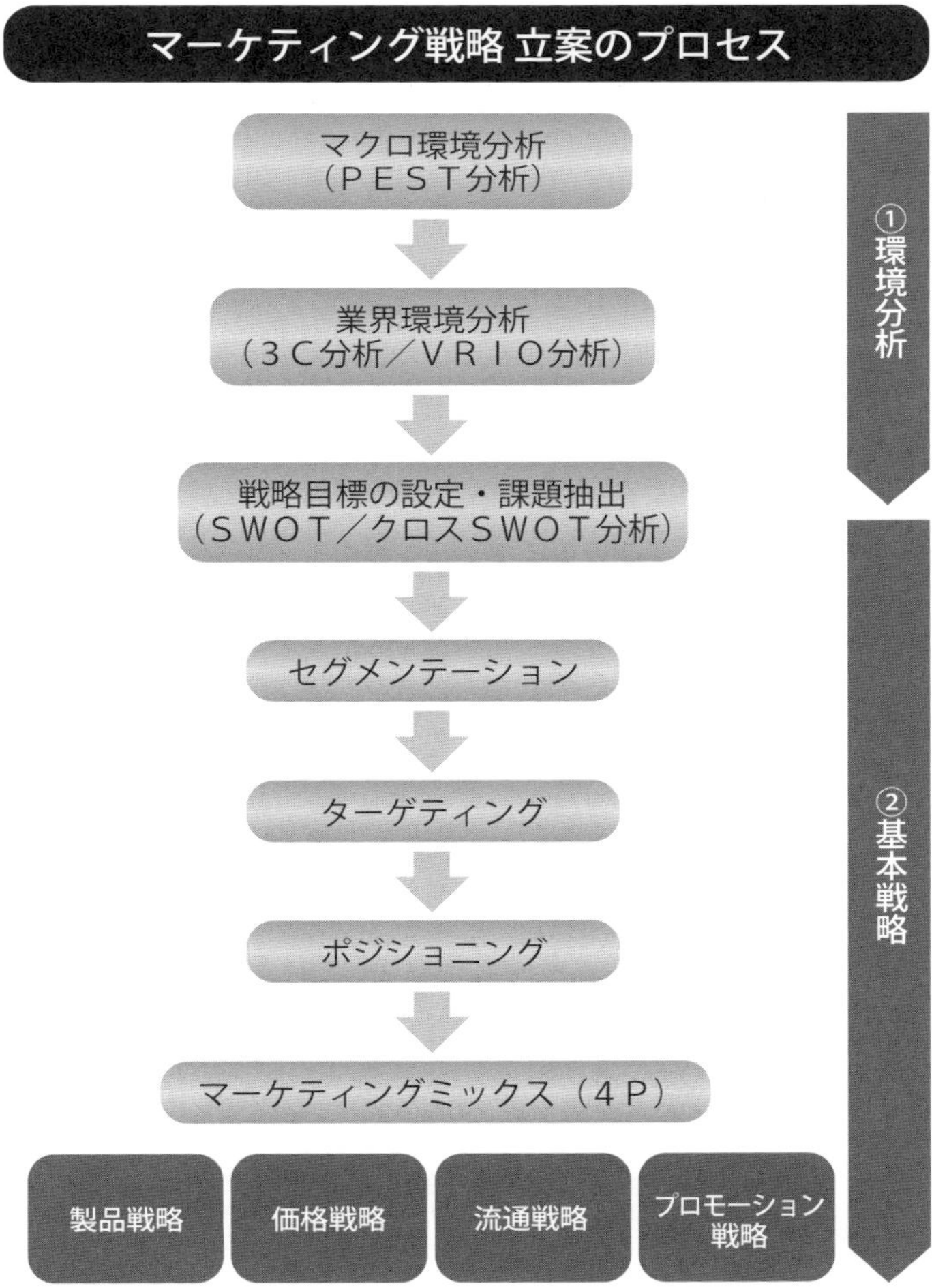
マーケティング戦略 立案のプロセス
マクロ環境分析
（ＰＥＳＴ分析）
業界環境分析
（３Ｃ分析／ＶＲＩＯ分析）
戦略目標の設定・課題抽出
（ＳＷＯＴ／クロスＳＷＯＴ分析）
セグメンテーション
ターゲティング
ポジショニング
マーケティングミックス（４Ｐ）
製品戦略
価格戦略
流通戦略
プロモーション戦略
①環境分析
②基本戦略

①環境分析

マーケティングの最初の段階では、「環境分析」をおこないます。図にあるマクロ環境とは、大局的な視点でとらえた環境のことで、「世の中全体の状況や変化」と考えればよいでしょう。

具体的には人口動態、社会環境、経済状況、政治状況、金融動向、先端技術などです。これらは企業が何らかの働きかけをおこなって変えられるものではなく、一方的に企業がその影響を受けることになります。そのため「PEST分析」などのフレームワークを使って環境要因を網羅的に洗い出し、3～5年後の将来予測を立てます。これを中長期の計画や、現在取り組むべき課題の設定に活かします。

次のステップでは視野を絞り込み、「業界環境分析」を実施します。ここでは非常にポピュラーなフレームワーク、「3C分析」が役立ちます。これは顧客（市場）・自社・競合という3つの要素を詳細に分析し、自社ブランドが勝利する要因を見つけ出すための作業です。また自社の強みや競合優位性を詳細に把握するのに優れている「VRIO（ヴリオ）分析」を併用すると、分析の精度をより高めることができます。

さらに次のステップでは、自社ブランドの内部環境と外部環境を分類整理し、戦略目標の設定につなげていきます。この作業には、自社の「強み」と「弱み」、外部環境の「機会」

と「脅威」を明確化する、「ＳＷＯＴ分析」が有効です。さらに、ＳＷＯＴ分析の結果を活用して戦略目標の設定や戦略課題の抽出をする「クロスＳＷＯＴ分析」をおこなうことをぜひお勧めします。ここまでのプロセスが、マーケティングにおける環境分析です。

②基本戦略の策定

この後は、具体的な基本戦略の設定作業に入ります。本書の「第４章 圧倒的ナンバーワンになるポジショニング戦略」でお伝えした、「ＳＴＰ戦略」を実行します。「セグメンテーション（市場細分化）」「ターゲティング（標的市場の選定）」「ポジショニング（ポジションの確立）」、それぞれにフレームワークが存在し、分析や判断の助けとなります。

さらにマーケティングのプロセスを進むと、これまでの成果をもとに具体的な施策を選定する段階に入ります。「マーケティングミックスの４Ｐ」と呼ばれる「製品戦略」「価格戦略」「流通戦略」「プロモーション戦略」の各領域について、施策の具体的な手法を検討して効果予測などをおこないます。

この一連のプロセスにおいて、私が多くのケースで使用し、とくに有効性を実感しているフレームワークの中から「３Ｃ分析」と「ＶＲＩＯ分析」、そして「クロスＳＷＯＴ分析」を簡単にご紹介しましょう。

「自社」「顧客」「競合」を理解する定番フレームワーク「3C分析」

3C分析は、マーケティングにおける環境分析のフレームワークで「Customer（顧客・市場）」「Competitor（競合）」「Company（自社）」の3つの頭文字をとってこのように呼ばれています。マッキンゼー日本支社長、スタンフォード大学経営大学院教授などを務めた経営コンサルタント、大前研一氏によって提唱され、1980年代から盛んに活用されているフレームワークです。

3C分析の目的は、ブランディングやマーケティングの成功要因（KFS：Key Factor for Success）を発見することです。自社ブランドの強みと弱みを明確にし、顧客・市場のニーズをつかみ、競合ブランドに勝つ要因を見出すことができます。

ポイントとしては、「顧客・市場分析」を優先的におこないます。マーケティング戦略を考える上で、市場を決定することがすべての基盤となるためです。

３Ｃ分析

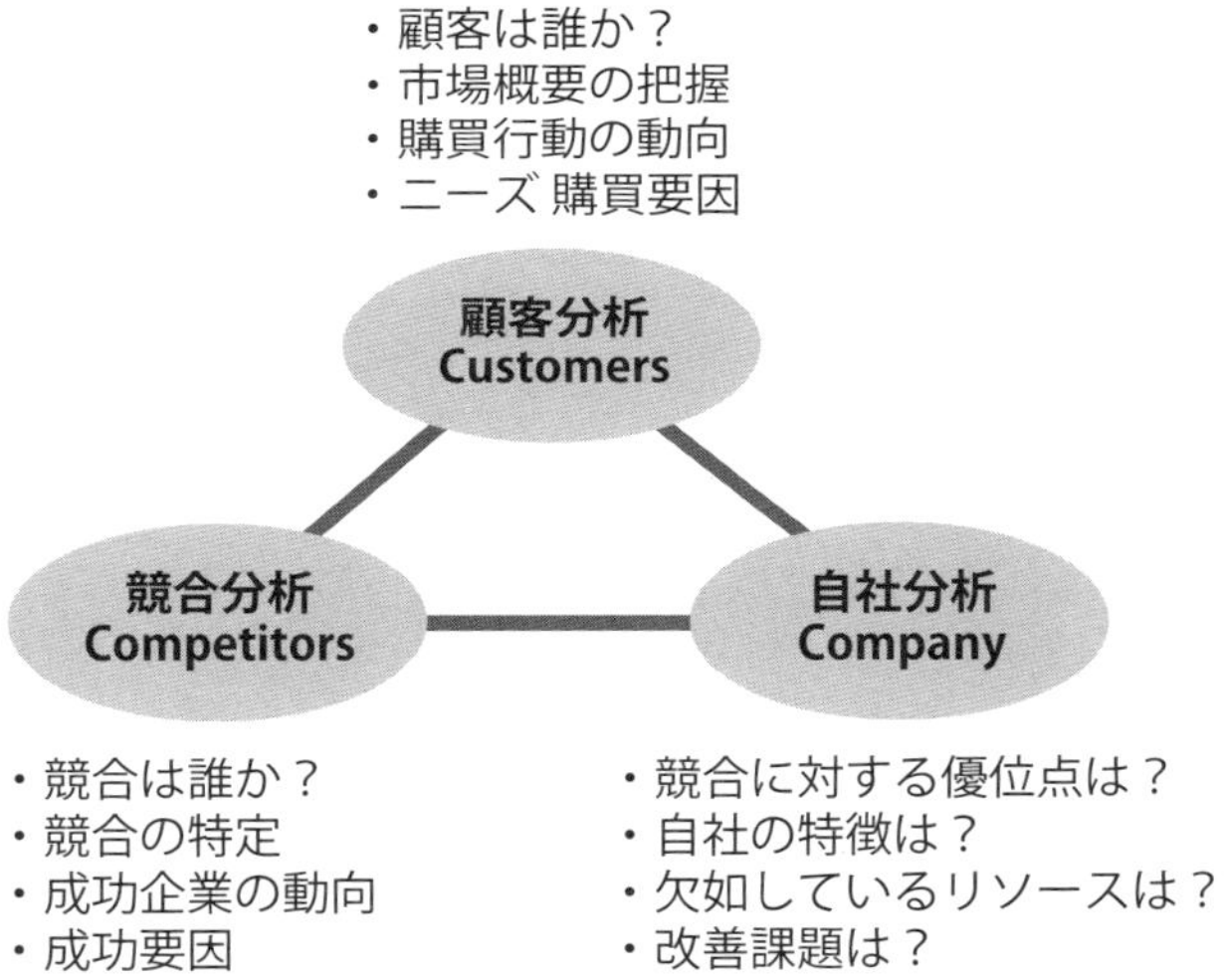
・顧客は誰か？
・市場概要の把握
・購買行動の動向
・ニーズ 購買要因
顧客分析
Customers
競合分析
Competitors
自社分析
Company
・競合は誰か？
・競合の特定
・成功企業の動向
・成功要因
・競合に対する優位点は？
・自社の特徴は？
・欠如しているリソースは？
・改善課題は？

たとえば市場が定義されなければ、競合を定義することはできません。競合は「同種または類似の製品／サービスを提供しているブランド」のことではなく、「ターゲットとニーズの両方が共通している他社ブランド」です。

たとえばコーヒーチェーンという同じ業態でも、「良質なコーヒーと快適な空間でゆったりとくつろぐ時間を過ごしたい」というニーズに応えるブランドと、「慌ただしい日常の中、気軽に立ち寄り一時の安らぎを得るスポットがほしい」というニーズに応えるブランドは、細分化したマーケットの競合とはいえないかもしれません。後者の競合には、ファストフードショップを挙げる必要も検討するべきでしょう。

タブレット端末の例でいえば、「携帯していつでもどこでも仕事をしたい」というニーズに応える製品であれば、ノートＰＣが競合になり得ますし、「携帯していつでもどこでもメールチェックや読書、動画視聴を楽しみたい」というニーズに応える製品であれば、大型化しているスマートフォンが競合になるでしょう。

さらに「市場の定義」は、この３Ｃ分析だけでなく、マーケティングプロセスの先に控えている「セグメンテーション」「ターゲティング」「ポジショニング」を考える際の基礎となります。そのため繰り返し吟味・検討し、決めていく姿勢が重要です。

もうひとつのポイントとしては、分析の際に解釈を交えず、「事実情報」「客観情報」に徹底することです。解釈は、この先のプロセスである「ＳＷＯＴ分析」「クロスＳＷＯＴ分析」でおこないます。この点が守られていないと、先のプロセスすべてが精度を欠いたものになってしまいます。

また「自社分析」については、より客観的かつ精密に分析をするため、別のフレームワークを活用します。自社の強みと競合優位性を明確にする「ＶＲＩＯ分析」です。

自社の独自性を徹底的に知りつくす「VRIO分析」

VRIO分析は、「V:Value（顧客価値）」「R:Rarity（希少性）」「I:Inimitability（模倣困難性）」「O:Organization（組織力）」という4つの視点から自社の経営資源を評価し、強みや競争優位性を分析するフレームワークです。シンプルなリスト、項目別の一覧評価、フローチャートなどのスタイルがあります。

【V：顧客価値】自社の製品／サービスは顧客にとって価値があるか？
【R：希少性】経営資源の希少性は高いか？
【I：模倣困難性】経営資源は模倣されにくいか？
【O：組織力】経営資源を有効に活用できる組織能力はあるか？

ＶＲＩＯ分析（１）

- **V　Value**　顧客価値
- **R　Rarity**　希少性
- **I　Inimitability**　模倣困難性
- **O　Organization**　組織力

Ｖ：自社の製品 / サービスは顧客にとって価値があるか？
Ｒ：経営資源の希少性は高いか？
Ｉ：経営資源は模倣されにくいか？
Ｏ：経営資源を有効に活用できる組織能力はあるか？

ＶＲＩＯ分析（2）

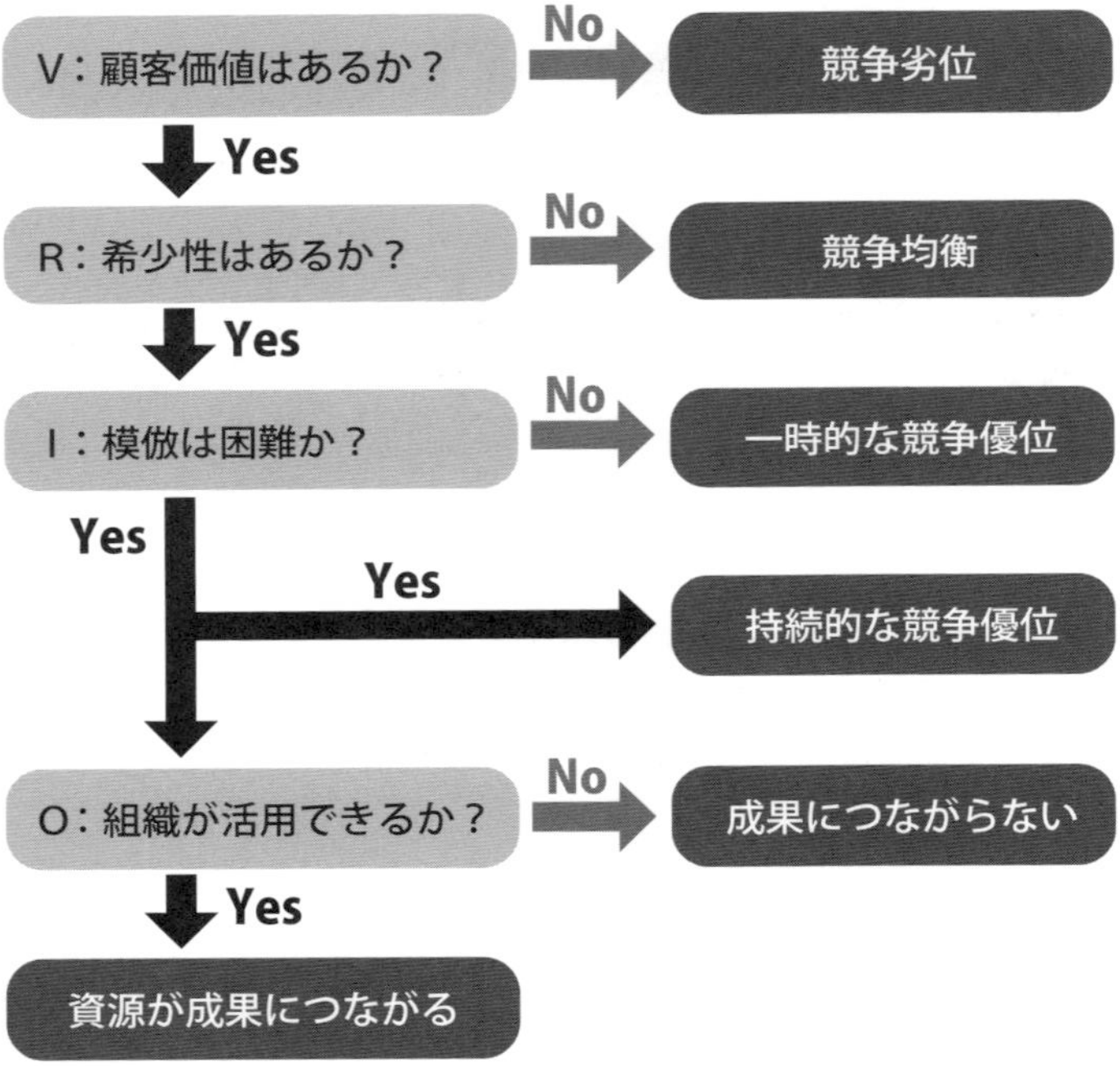
V：顧客価値はあるか？
No
競争劣位
Yes
R：希少性はあるか？
No
競争均衡
Yes
I：模倣は困難か？
No
一時的な競争優位
Yes
Yes
持続的な競争優位
O：組織が活用できるか？
No
成果につながらない
Yes
資源が成果につながる

経営資源の分析をおこなう際には、以下の問いを基準に評価します。

また「Ｉ：模倣困難性」は、その資源に以下の要素があるかどうかに着目します。

①手に入れるために長い年月がかかる（歴史性がある）
②過去の出来事の蓄積で形成されている（経路依存性がある）
③仕組みがブラックボックス化されている（因果関係に不明性がある）
④影響している社会的要素が非常に複雑である（社会的複雑性がある）
⑤法律によって守られている（特許など）

ＶＲＩＯ分析で得た結果は、「強み」と評価されたものについては積極的に戦略に活用し、「弱み」であると判明したものについては、修復やリスク回避策・低減策を検討します。マーケティングプロセスとしては、３Ｃ分析とＶＲＩＯ分析で得た事実情報をもとに、次のステップの「ＳＷＯＴ分析」「クロスＳＷＯＴ分析」で解釈を進め、戦略課題の抽出と戦略目標の設定につなげていきます。

戦略目標を見つける「クロスSWOT分析」

クロスSWOT分析をおこなう際は、まず必要な基礎情報をSWOT分析によって作ります。SWOT分析は、分析する対象（自社ブランドや製品／サービス）の特徴を、多面的に把握するための基本的な枠組みです。

図のように「S（強み）」「W（弱み）」それぞれの枠の中に、自社や製品など分析対象の特徴を整理・集約して記載し、「O（機会）」「T（脅威）」には、顧客のニーズや社会のトレンドなど、自社をとりまく外部環境のうち、事業に影響がおよぶものを記載します。

ここで、SWOT分析を行う際のアドバイスですが、内部環境・外部環境それぞれの考察にも各種フレームワークの活用が有効です。例えば、内部環境の場合、先に紹介したVRIO分析と3C分析の「Company（自社）」の要素に加え、マーケティングミックスの構成要素4P（製品、価格、流通チャネル、プロモーション手法）や、7Sモデル（Strategy,Structure,System,Shared Value,Style,Staff,Skill）の各要素における、特徴、優位性、弱みなどを参照し、考察していきます。

ＳＷＯＴ分析

	プラス要因	マイナス要因
内部環境	S 強み **Strength**	W 弱み **Weakness**
外部環境	O 機会 **Opportunity**	T 脅威 **Threat**

また、外部環境の場合、「ＰＥＳＴ分析」や３Ｃ分析の「Customer（顧客・市場）」「Competitor（競合）」の要素を参照し、考察すると整理しやすくなります。

このＳＷＯＴ分析の結果を活用し、さらに発展させた分析をおこなうことで、データから戦略のパーツを引き出すことができます。それが「クロスＳＷＯＴ分析」です。

クロスＳＷＯＴ分析では、明らかになった「強み」「弱み」「機会」「脅威」を以下のように該当エリアに記載し、それらを掛け合わせて戦略を考えます。

近年、ＳＷＯＴ分析をおこなう企業は多いと思いますが、こちらのクロスＳＷＯＴ分析をおこなっているケースはごく少数です。しかしクロスＳＷＯＴ分析は現状を詳細に分析しながら整理し、実践的な戦略を策定する非常に有効な手法です。これをおこなわずＳＷＯＴ分析のみでは、戦略課題の抽出と戦略目標の設定は難しいでしょう。

私は実際にご支援している企業でブランディングプロジェクトを実施する際、必ずクロスＳＷＯＴ分析をおこない、良好な成果を得ています。

クロスＳＷＯＴ分析

		内部環境	
		Ｓ　強み	Ｗ　弱み
外部環境	Ｏ　機会	《積極攻勢》 Ｓ×Ｏ	《段階的施策》 Ｗ×Ｏ
	Ｔ　脅威	《差別化戦略》 Ｓ×Ｔ	《専守防衛／撤退》 Ｗ×Ｔ

「Ｓ×Ｏ」＝《積極攻勢》
　強みを活用して機会を取り込むには？
「Ｓ×Ｔ」＝《差別化戦略》
　強みで脅威を回避、あるいは事業機会を創出するには？
「Ｗ×Ｏ」＝《段階的施策》
　弱みによって機会をとりこぼさないためには？
「Ｗ×Ｔ」＝《専守防衛／撤退》
　弱みによって脅威が現実にならないためには？

ここまでにマーケティングの戦略策定に有用なフレームワークをごく簡単にご紹介しました。ただし、これらを知っているだけでなく、正しく使いこなせなければ、本来の価値ある分析結果を導き出すことはできません。

与えられた枠組みの中に、思いついたことを書き込んでいく穴埋め問題かパズルのように使ったのでは、実践的な戦略立案に活かすことは難しいでしょう。可能であれば、専門家の指導を受けながら、スキルとして身につけていかれることをお勧めします。

私がクライアント企業のブランディングプロジェクトを担当させていただくときには、従業員の方々にこのようなフレームワークの使い方などを指導して、1年ほどのプロジェクト期間を「アクションラーニング（action learning：実践で学ぶチーム学習）」の機会にします。終了後には、プロジェクトの成果が得られるだけでなく、参加した方々がいくつかの新しいマーケティング能力を身につけ、成長を果たされています。

時代を反映する「製品との出合いから購入まで」のプロセス

マーケティングの目的、「売れるための仕組みづくり」を果たすには、顧客のニーズやトレンド、購買行動の仕組みなどを熟知することが大切です。ここでは顧客が初めて製品／サービスと出合ってから購入に至る、一般的なプロセスを2種お伝えします。

ひとつは「ＡＩＤＭＡ（アイドマ）」です。これは略語で、「Attention（認知）」「Interest（興味）」「Desire（欲求）」「Memory（記憶）」「Action（行動）」という5つのステップそれぞれの頭文字をとったものです。

【Ａ：認知】顧客が宣伝広告などから製品／サービス（ブランド）を知る
【Ｉ：興味】興味を惹かれる
【Ｄ：欲求】価値を感じ、欲しいと思う
【Ｍ：記憶】製品／サービス（ブランド）を記憶する
【Ａ：行動】判断にもとづいて購入する

この5つのステップは、まだインターネットが存在していない1920年代に提唱されたものですが、現在でも特定の製品／サービスについてはこのプロセスをたどることがあります。たとえば車や住宅など、購入するまでに検討を重ね、長い期間を費やすものに関してはあてはまる場合があるといえるでしょう。

しかしインターネット時代の現在、顧客の一般的な購買行動は大きく変化しています。昨今、よく使われる新たなプロセスは「ＡＩＳＣＥＡＳ（アイシーズ）」です。こちらは「Attention（認知）」「Interest（興味）」「Search（検索）」「Comparison（比較）」「Examination（検討）」「Action（行動）」「Share（共有）」という7つのステップです。

【Ａ：認知】顧客が宣伝広告などから製品／サービス（ブランド）を知る
【Ｉ：興味】興味を惹かれる
【Ｓ：検索】インターネットで検索し情報収集する
【Ｃ：比較】候補を比較する
【Ｅ：検討】詳細に検討する
【Ａ：行動】判断にもとづいて購入する

【Ｓ：共有】インターネットのソーシャルメディアなどで感想を共有する

「ＡＩＳＣＥＡＳ」では、かつてのプロセスでみられた「欲求」「記憶」が「検索」「比較」「検討」に置き換わっています。現在、多くの人は気になる製品／サービスを見つけると、手元のスマートフォンやタブレット、ＰＣで詳細な情報やクチコミを検索して検討材料にします。９割を超える人々が検索し、そのうち８割の人々はクチコミサイトを閲覧するというデータもあります。

そして比較、検討の結果、気に入れば、そのままネット通販で購入するケースも多くみられます。さらに購入後、ツイッター、インスタグラム、フェイスブックなどのＳＮＳ（ソーシャルネットワークサービス）をはじめ、ブログやクチコミサイトなどに感想を発信し、不特定多数の人々と情報を共有します。

インターネットの利用がすっかり定着したことによって、顧客の購入プロセスは大きく様変わりしました。現在、この「検索」「購入」「共有」における対策が、とくに重要度を増しています。

たとえば「検索」に対する施策としては、「ＳＥＯ」が一般的におこなわれています。「ＳＥＯ（Search Engine Optimization：検索エンジン最適化）」は、グーグルやヤフーなどの検索結果で自社ブランドを多く、あるいは目立つ位置に露出するためにおこなう対策です。顧客が「検索をする」ということは、購入の意欲が高いことを示していますので、検索結果の画面上でタッチポイントを作ることは非常に重要です。

また「購入」に関しては、「ＥＣ（Electronic Commerce：電子商取引（ここではネット通販）サイト」を構築したり、アマゾンや楽天市場などの大手通販モールに出店したり、自社アカウントのフェイスブックやインスタグラムなどから通販サイトに誘導する施策が基本です。

さらに注力が求められているのは「共有」に関する施策です。現在、8割以上の顧客は「クチコミ情報が少ない」あるいは「評価が低い」という場合は購入をためらい、ほかの製品／サービスを探す行動に出るという調査結果があります。

そのため好意的なクチコミを増やしたいところですが、情報の発信者は企業のコントロールがききにくい一般の人々であるため、各企業とも苦心しています。ただし、この局面でいわゆる「やらせ」である「ステルスマーケティング」を実行してしまうと、逆に「炎上」という、企業にとって甚大な損害を生む事態にもなりかねませんので、健全な施策の実行が望まれます。

一例としては、コストをかけて顧客を集めた「体験会」などを開催して情報を丁寧に伝え、肯定的・支援的なクチコミを増やす方法があります。またモニターサイトやクチコミサイトと連携した施策を講じる企業も増えています。

ほかに、ＳＮＳ上に出回る自社製品／サービスに関するネガティブな感想を捕捉し、丁寧な説明や誠実なメッセージを返信することで、イメージアップに努めるのも有効な施策のひとつといえるでしょう。

いずれにしても、企業は顧客との関係づくりのあらゆるタッチポイントにおいて、オンライン、オフラインの両面から有効策を実行することが求められます。

顧客をファンに育てる「顧客育成戦略」を実践していますか？

マーケティングでは、プロセスを踏んで顧客との関係を深化させ、固定客やファン客に成長させていく顧客育成戦略をおこないます。

顧客は関係性の薄いほうから順に「潜在顧客」→「見込客」→「検討客」→「新規客」→「固定客」→「ファン客」と分類して呼ばれ、それぞれに対して適切な施策を講じる必要があります。

【①潜在顧客】

ニーズ分析、購買行動分析などをおこない理解を深め、認知向上を図る

【②見込客】

見込客を集める活動をおこなう（＝リーズジェネレーション）

【③検討客】

顧客との関係性を構築し、顧客を育成する（＝リーズナーチャリング）

【④新規客】

初回購入のアフターフォローをおこない、さらにリピート購入・囲い込み実現のため、

定期的なコンタクトをとりフォローアプローチをおこなう

【⑤固定客】
丁寧なフォローアプローチを継続しながら、熱烈な支持者であるファン客に育成するため、イベント、イメージ広告、ソーシャル化などを行う（＝ロイヤルカスタマー化）

【⑥ファン客】
カスタマーエクスペリエンスの満足度を高めるため、限定イベントへの特別招待や、優待サービス等の情報発信を行うとともに、個別のアプローチや双方向のコミュニケーションを心がける

この流れの中で、とくに「リーズジェネレーション（Leads Generation：見込客の創出・獲得）」「リーズナーチャリング（Leads Nurturing：見込客の育成）」「ロイヤルカスタマー化（ファン客への育成）」が、マーケティングにおいて重視されているフェーズです。

「リーズジェネレーション」は、顧客がこちらを振り向いてくれる前段階です。顧客獲得は「知覚価値のシェア争い」であると意識し、認知向上と顧客価値向上の施策実施に努め、見込客を獲得します。

具体的なオンライン策としてはリスティング広告などをはじめとしたWEB広告のほか、SNS活用による自社サイトへの誘導、ランディングページの設置、カタログやノウハウ冊子のダウンロードサービスが一般的です。またオフライン策では、広告の出稿やパブリシティ活動によるメディア露出、ダイレクトメールの送付、PRイベントの開催などがおこなわれます。

「リーズナーチャリング」は、顧客がこちらを振り向いてくれた後の関係性構築のプロセスです。検討客を購買行動へと導き新規客に育成するべく、カスタマージャーニーのあらゆるタッチポイントで価値ある体験を提供し、新規客となったら、次は固定客へ育成するためのフォローアプローチをおこないます。

オンライン策では、ステップメールなど自社からの情報発信のほか、ターゲティング広告や、ターゲット別に設置したランディングページ、問い合わせフォーム、WEBメディアへの掲載（広告記事およびパブリシティ）が有効です。

一方オフライン策では、見込み客と直接に対話できる展示会、ショールームイベント、セミナーなどが効果的です。また、すでに購入履歴がある顧客への活動全般を「リテンションマーケティング（retention marketing：顧客維持マーケティング）」といいますが、購入後は、顧客の囲い込みを目的にコミュニケーションを充実させるとともに、限定の情報・製品の提供、招待制イベントの実施、優待サービスの提供などをおこないます。

覚えてきたいポイントは、高額商品の場合はとくに「購入後の囲い込み」が非常に有効で、安定的な収益に直結するので注力すること。もうひとつは、広告は新規顧客開拓にのみ有効なのではなく、ブランドイメージの醸成と購入後の満足感を向上するので、既存客の成長に役立てることです。

車や時計などのケースを思い浮かべるとわかりやすいと思いますが、既存客は自分が所有しているモノの良質なイメージ広告を目にすることで、あらためて満足感を得てブランドへの価値認識、共感を高めます。

「ロイヤルカスタマー化」、つまりファン客の獲得と維持は、マーケティング、そしてブランディングの最終目標です。それには「顧客ロイヤリティ」、つまり顧客がブランドや製品／サービスに感じる「信頼」「愛情」「忠誠心」を高めることが必要です。

それには顧客維持のためのリテンションマーケティングを行うことが基本となりますが、具体的な方法論については、「ＣＲＭ（Customer Relationship Management：顧客関係管理）」というマネジメント手法が役立ちます。たとえば「最近の購入日（Recency）」「来店（購入）頻度（Frequency）」「購入金額（Monetary）」の3つの指標で顧客をランクづけするRFM分析など、顧客分析によって優良顧客を抽出する手法をはじめ、行動予測をおこなって効果的なアクションプランを立てる手法など、ファン客への育成をサポートします。

施策の方針としては、限定のサービスとコミュニケーションを中心に行ないます。プレミアム感を提供するとともに、顧客に対する敬意や親しみを示し、一体感を形成して愛着を強化していきます。

このように、企業が「顧客を育成する」という視点でプロモーションとコミュニケーションを図ることは、マーケティングにおいてもブランディングにおいても大変重要です。

マーケティングの世界では「1対5の法則」「5対25の法則」として有名ですが、新規客に販売するコストは、購入履歴がある既存客に販売するコストの5倍かかります。

また顧客離れを5％改善すれば、利益が25％改善されるとも言われています。「CRM（顧客関係管理）」にもとづいた、顧客満足度、顧客ロイヤリティを高める戦略の重要性が、ますます高まっています。

【事例紹介】

有力ブランドの中には、顧客育成戦略に関して参考になる成功事例が多々存在します。ハーレーダビッドソンのケースをご紹介します

世界のバイク業界において圧倒的な存在感と売上を誇る老舗ブランド「ハーレーダビッドソン」は、ブランディングによって躍進した企業としても知られています。現在では「バイクの王者」といえばハーレーダビッドソン、という共通認識ができあがっており、実際に人々のブランドに対する信頼、尊敬、愛着の強さが極めて高いことはどなたもご存知かと思います。

とくにファン客の醸成には定評があり、購入後の顧客を組織化して運営している「ハーレー・オーナーズ・グループ」は世界に100万人超、日本でも3万人以上のメンバーを擁する規模に膨らんでいます。

この組織は各地に「チャプター」と呼ばれる拠点を置き、そこでは自主的にツーリング、ラリー、キャンプ、チャリティなどのイベントが開催されています。顧客と企業、顧客とディーラーの関係が深化されることはもちろん、ハーレーのオーナー仲間であるという親

密感と共感を下地に、顧客同士の良好な関係性も築かれます。それはハーレーダビッドソンというブランドへの帰属意識の強化にもつながります。

日本法人においても、２００８年まで社長を務めた奥井俊史氏の陣頭指揮によって、大がかりなブランディングプロジェクトが実行されました。奥井氏はハーレーのバイクを「輸送手段」ではなく、「顧客のライフスタイルを創造するサービス、レジャー製品」と位置づけ、顧客の暮らしや生き方に積極的に関わる活動を実行しました。

その代表的な施策が、「ブルースカイヘブン」と名づけられ、すでに開催20回を数える公式イベントです。ライブステージ、フードブース、キャンプエリアが用意された大規模なフェスで、メインは全国から集結した１０００台のハーレーによるパレードや、プロライダーによるライディングショー、車両展示や試乗会など、ハーレー好きのオーナーたちを満足させるプログラムとなっています。

こうしたイベントのほかにも、「免許取得費用サポートキャンペーン」「ウェブマガジン」「工場見学ツアー」などをおこない、新規顧客の獲得からファン客への育成プロセスをマネジメントしています。

「本当のＰＤＣＡ」が回り始めれば成長が一気に加速する

日本企業の弱点として、ロジカルシンキング（論理的思考法）や戦略の欠如が大きな問題であることは、すでにお伝えしました。もうひとつ戦略・戦術の実行面において、意識しておきたい弱点があります。それは「ＰＤＣＡ」です。

「ＰＤＣＡ」は「Plan（計画を立てる）」→「Do（計画を実行する）」→「Check（行動を評価する）」→「Action（改善して次につなげる）」という流れを示す言葉です。計画から改善までの４段階をひとつのサイクルとして、これを繰り返すことで、過去の経験を糧にして次の計画や実行を改善させ、継続的な成長を果たしていくためのマネジメント手法です。

私が在籍した外資系企業では、大きなプロジェクトだけでなく、日常の業務に至るまで、「ＰＤＣＡ」の実践が徹底されていました。それが実際に学びの蓄積となり、個人や会社を成長させていくことを、肌で学ぶ経験となりました。

しかし残念なことに、日本の中小企業では「ＰＤＣＡ」という言葉自体は知っていても、その価値を理解して業務で実践しているケースはまだ少数です。「ＰＤＣＡを回す」、という言葉がお題目のように唱えられている会社であっても、実際には評価の仕方が緻密性を欠いていたり、実行の段階で詳細な記録を残しておかなかったために評価ができなかったり、そもそもの目標が明確でなかったために評価不能という実態がみられます。

ここであらためて「ＰＤＣＡ」本来の価値を見直しておきましょう。

まずは計画、プランニングです。企業活動では、経営計画、事業計画をはじめ、あらゆる場面でプランニングがおこなわれます。プランニングには、明確な目的、目標、方法、手順はもちろん、予算をはじめ人員などのリソースの配分、スケジュール、効果予測、リスクの予測と対応策、プラン実行後の評価方法などが含まれます。

これらを事前に緻密性をもって明らかにすることで、目標達成の可能性を最大化することが目的です。そのため、情報収集、分析、評価などの作業には、専門的な知識と技術を要します。

綿密なプランニングの大きなメリットのひとつは、計画したことが実際にそのとおり進捗しているかどうかをモニタリングする指標ができることです。プラン実行のプロセスでは複雑な要素が影響しますが、ステップごとに詳細な予実比較のモニタリングができれば、タイムリーな対処ができ、結果に大きなマイナス影響を及ぼさずにすみます。

さらに有益なメリットとしては、プランニングの段階で将来起こり得るリスクを想定し、それを回避・軽減する解決策を講じることによって、損失を未然に防げる点です。場合によっては、計画の段階でプロジェクトの推進自体を見直す必要を迫られるケースもありますが、それによって回避できる損失の大きさを考えると、価値が実感できることと思います。

「ＰＤＣＡ」の中でとくに大きな問題となっているのが、「Ｃ」にあたる「評価」の杜撰さです。ここでは目標達成度や投資効果を定量的・定性的に明らかにしますが、とくにマーケティングの投資が適切であったかどうかの効果検証を緻密におこなっているケースがほとんどみられません。

そもそも日本では予算の配分計画から大ざっぱで、企画の提案があると都度、検討して是非を決めるという場当たり的なやり方が多く、年間のマーケティング予算も決めていないケースが多くみられます。そのような状況では、投資効果の評価もおこなわないことが多く、投資が適切であったか判断し、後に有益なデータとして活用することもできません。

予算と実績の比較だけでなく、緻密な効果検証をおこなうことは重要です。たとえば「Ｒ

OAS（Return On Advertising Spend：広告の費用対効果）」という指標があります。これは売り上げベースで算出される「広告費1円あたりの売上高」なので、この数値が高いほど、費用対効果が高く、効率的な広告運用ができていることになります。

一方、これが低い場合には、売上を増加させるか広告費を抑える必要があります。そこで広告デザインやキャッチコピーなどクリエイションの計画見直しや、広告の出稿・配信先の変更、予算の見直しなど具体的な対策を講じて、費用対効果を最大化するための改善を図ることにつなげます。

また投資対効果を利益ベースで測る指標には「ＲＯＩ（Return On Investment：投資対効果）」があります。「投資1円あたりの利益」が明確にされるもので、この数値が1未満であれば利益はマイナスで、ビジネスとしては失敗だったことになります。また充分に過去のデータが蓄積されていれば、「ＲＯＩ」によって投資対効果予測をおこない、信頼性のある予算算出も可能になります。

現場からは、なかなか自力でここまではできない、という声も多く聞かれますが、予算管理への意識向上はもちろん、評価実施による効果が高いため、私がクライアント企業でブランディングプロジェクトを実施する際には、必ず指導するようにしています。

マーケティング費用は「コスト」でなく「投資」という意識をもつ

「ＰＤＣＡ」の徹底と投資対効果のお話に関連して、経営者の方々に留意していただきたい重要な点をあらためてお伝えしておきましょう。それはマーケティングにかける費用の捉え方です。

あなたはマーケティングにかける費用を、単なる「コスト」と捉えてはいないでしょうか。もしそうであれば、無意識のうちに「できるだけ金額を抑えよう」と考えてマーケティングプランを小規模に設定し、そのために適切な効果が得られなかったり、大きく成長する機会を逃したりしているかもしれません。

あるいは売上がはかばかしくない時期に「マーケティング活動の実施は、もう少し余裕ができるまで待とう」と先延ばしにして、売上回復の絶好のチャンスを逸してしまうこともあるでしょう。

マーケティングにかける費用は、「コスト」ではなく「投資」です。将来的な、より大きなリターンを目的として、ヒト・モノ・カネ・情報という経営資源を投じるものです。

世間には実効力の高いマーケティングによってブランディングを成功させ、会社を大きく成長させている成功例が多々ありますが、それらに共通しているのは、経営者がこの点をしっかり認識していることです。

私のごく身近な例でいうと、前述したテクノジムのケースが挙げられます。当時のCEOネリオ・アレッサンドリ氏は、デザイン性に優れたフィットネスマシンという独自性豊かな製品の提供と、人々の共感を集めたブランドメッセージによって、一代で世界のリーディングブランドを築きました。

ネリオはブランディングを非常に重視し、世界中のマネジメントクラスを招集して年一回イタリア本社で開催するカンファレンスに、世界的有力企業からブランディングディレクターをゲストスピーカーとして招聘し、ブランディングの重要性についてレクチャーを実施していました。

そして彼は売上が不振な時期でさえ、マーケティングやブランディングへの投資に積極的な姿勢をとり、その結果、経営改善を果たし、会社を大きく発展させることに成功しました。これは、彼がマーケティングにかける費用を「コスト」でなく「投資」であると認識していたからこそできたことです。

テクノジムのブランディングは、リスクを抱える覚悟をした上で明確な目標を据え、精度の高いプランを策定、実行するものでした。そして実行したプランについては投資対効果が緻密に評価され、その後のプランに活かされました。そのため年を重ねるごとに効果予測の精度や実効性が高まり、着実かつ飛躍的な成長を果たすことができたのです。

投資には、もちろん恐怖が伴います。失敗したときに被る損害を想像すれば、規模によっては躊躇する思いが生じるのは自然なことです。しかし必要な知識と有能な専門家のサポートを得て、精度の高いプランを立てることで、中長期的視点のリスクを低減することができます。

マーケティングにおいては、経営者がしっかりと「これは投資である」という意識をもち、適切なタイミングで適切なボリュームの投資を意思決定し実行することが成功への条件といえるでしょう。

ブランディングが生み出す「経営と現場の好循環」

本章ではこれまでに、費用対効果を最大化するためのマーケティングの要所について、さまざまな視点からお伝えしてきました。ここでは、私がブランディングプロジェクトをご支援した、ひとつのケースをご紹介します。戦略的マーケティングが上手く運び、経営にも現場にも、非常によい循環が生まれた事例です。

愛知県に本社を構えるK社は、創業100年を超える老舗建材メーカーです。老舗らしくモノ作りにこだわり、技術力と品質の高さで信頼を集め、一時期は大手メーカー10社以上のOEM（発注元ブランドの生産）を請負うなど、堅実な実績を積むと同時に、革新的な製品開発にも精力的に取り組んできました。

バラエティに富んだ製品ラインナップの品目は多岐にわたり、社員でも把握できないほど多種多様な豊富な品揃えでした。材料やデザイン、加工のバリエーションをはじめ、建材にさまざまな特殊機能を付加したり、日本の伝統工芸とコラボレーションした意匠性の高い製品を創作するなど、これまでどこにも存在しなかった革新的な製品も数多く開発していました。

このようにK社は信頼と実績を重ね、技術力とクリエイティブな発想力で、革新的な新製品を生み出し続ける優良な会社でした。しかし、その卓抜したモノ作りの実力からみれば、さらに売上を向上させる余地がありました。また価格競争に巻き込まれている点が問題ともなっていました。

そこで経営陣は、自社製品のオリジナルブランド化に乗り出すことを決め、商品やカタログの外部デザイナーと提携して改革を進めたのです。それから数年後、知人の紹介でご縁ができ、私が支援に入って本格的なブランド再構築をスタートすることになりました。

改革の焦点は、「ブランド戦略の明確化」と「発信力の強化」でした。それまでのように、良いと思われる施策を脈絡なく実施するのではなく、明確な目標とヴィジョンを設定し、その達成のために有効と思われる施策を包括的に組み合わせた戦略プランを実践することにより、しっかり効果を上げること。また「いいモノを作っていれば黙っていても売れるものだ」という従来の考えから脱却し、積極的なプロモーション活動に注力することです。

K社のプロジェクトメンバーとともにおこなった施策は、幅広いものになりました。企業理念を再構築し、ブランドメッセージを確立。ブランドメッセージには、これまでほとんどアピールしていなかった「老舗」である点を打ち出し、また「伝統」と「革新」という、相反する要素を併せ持つ魅力を端的に訴え、さらにハイエンド商品であることを短い文章の中で表現しました。

製品戦略、価格戦略としては、超高額の製品をフラッグシップとして位置づけ、全社的に高価格帯の製品にシフトしました。また顧客にとって多すぎる製品ラインナップは購入行動の妨げになるため、思い切って集約し、ブランド体系を製品特性、価格帯、ターゲット等の軸で整理して再編成しました。ハイエンド商品群、高性能の商品群、そしてスタンダードな商品群という3カテゴリーです。

流通戦略としては、ホームセンターなど価格重視の企業との取引をやめ、高額戸建て物件をあつかうハウスメーカー、建築事務所等との取引を拡大。そして、それまではＢ２Ｂ（対企業取引）中心でしたが、積極的なＢ２Ｃ（対顧客取引）向けプロモーションを実施しました。その結果、Ｂ２Ｃ２Ｂ（企業→顧客→企業）という流れができてハウスメーカーや建築事務所からの問い合わせが増え、さらに価格圧力にも対抗できるようになりました。

プロモーション戦略としては、プロユーザーを対象とした専門紙や、感度の高いエンドユーザー向け情報誌、ビジネス系ニュース番組に狙いを定めてアプローチし、革新的技術を採用した新製品を紹介してもらうことができました。その後は波及効果で、テレビや雑誌の取材依頼が数多く寄せられるようになりました。

K社はより付加価値生産性の高い収益構造になったことで、充分なマーケティング予算を確保できるようになり、経営の好循環が生まれています。

その一方、社員の方々にも変化がありました。プロジェクトを始めた当初は、決して積極的な姿勢とはいえず、どちらかといえば私に対してもプロジェクトに対しても懐疑的な様子がみられた古参社員の方々がいました。ところがプロジェクトが進むにつれ、会社や製品に対してこれまで以上の自信と誇りを高めていかれたようです。

ある日、全社会議の終了後に開かれた懇親会で、笑顔で私にお酒を勧めてこられ、「会社がテレビや雑誌で紹介されて、家族や知人からの評価がずいぶん変わりましたよ」「やはりマスメディアの影響力は凄いですね、同じ製品なのに見せ方、伝え方を変えて、取引先の反応がガラッと変わり、引き合い件数が急増しました」「ブランディングというものの重要性を実感しました」などの声を聞くことができ、大変嬉しく思いました。今後はさらに、ブランディングプロジェクトにも積極的、協力的な向き合い方をしていただけると確信しています。

またリクルーティングの面でも、状況が好転しています。数々のメディアに登場したことで認知度と信頼性が上がったこと、そして収益アップを反映して工場のベースサラリーを高くしたことによって、これまでにはみられなかった優秀な方の応募や、数多くの入社希望者が集まるようになりました。人材に恵まれ、今後さらに会社の成長にも弾みがつくことでしょう。

戦略的ブランディングは、相乗効果、波及効果を生み、成果を顕著に現します。今後はそれらが継続され、さらに発展していくようマネジメントしながら、次のステージに向けた、新たな課題に取り組んでいきます。

□□□ Column □□□

強みを補強し、弱みをカバーし合う協業「アライアンスマーケティング」の勧め

中小企業のブランド力を強化する効果的な戦略的施策として、「アライアンスマーケティング」が今、注目を集めています。「アライアンスマーケティング（Alliance Marketing）」とは、複数の企業がお互いに何らかのメリットを受けるために、協業・提携・協力するマーケティング手法です。

協業相手には、異業種他社、同業他社、著名人、顧客などさまざまな可能性が考えられます。企業はこれにより、経済的、時間的、空間的メリットを受けることができます。たとえば、以下のような活用パターンが考えられます。

◇他社の既存顧客に対し、自社製品の販売促進を展開する
◇他社の流通チャネルを活用し、新たな市場開拓を実現する
◇他社との共同プロモーションで、費用を折半し、コスト軽減する

◇他社の技術力、商品力を利用し、新たな商品開発を実現する
◇他社の店舗空間を利用し、自社の製品を販売する
◇他社の信頼度を利用し、自社のブランド力を高める
◇著名人の知名度を利用し、自社製品のブランド認知度を高める
◇ユーザー（既存顧客）からのフィードバックをもとに、新たな製品開発をおこなう

このようにアライアンスマーケティングでは、自社の強みを活かしながら、自社の弱みをパートナーに埋め合わせてもらうことができます。

自社が保有する「ヒト」「モノ」「カネ」「情報」を中心としたリソースには、当然のこと限りがあります。その限定されたリソースのみで闘おうという「自己完結型」の場合とくらべて、アライアンスを採用した場合は、スピーディかつ低資本でビジネスの可能性を広げることが可能になります。

他社との協業については、「自社の情報やノウハウが流出してしまうのではないか」「他社のイメージの影響で、自社ブランドの独自性が毀損されてしまうのではないか」など、漠然としたネガティブな印象をもつ方があるかもしれません。しかし、きちんと戦略的に

スキームを構築することで、リスクを回避することができます。

アライアンスマーケティングの実現には、「自社の内部環境分析」「目的の設定」「ターゲットの設定」「パートナーの検討」「自社とパートナー双方のメリット、デメリット、リスクの洗い出しと評価」「具体的施策とその効果予測」「役割等の分担」「企画書／提案書の作成」「プレゼンテーション」など、体系的なプランニングと緻密な分析能力が必要です。

しかし「難しそうだ」とあきらめるのでなく、自社のみで難しい場合は、専門家に統括役を依頼するとよいでしょう。アライアンスマーケティングはメリットが大きく、また企業の規模に関係なく、相互のメリットとその価値が確認できれば成立します。実際に、現在は大手企業の中にも積極的にアライアンスマーケティングに取組む会社も増え、誰もが知る大手企業と中小企業がアライアンスを組む事例もみられます。

異なった競争優位性をもった企業同士が手を組む「戦略的提携」が、あなたの会社の成長を加速させるチャンスとなるかもしれません。

《POINT》

＊マーケティングプラン策定の一般的なプロセスは、①マクロ環境分析→②業界環境分析→③戦略目標の策定→④セグメンテーション→⑤ターゲティング→⑥ポジショニング→⑦マーケティングミックスの4P（製品戦略・価格戦略・流通戦略・プロモーション戦略）

＊プラン策定には、フレームワークの活用が有効

環境分析……3C分析（自社・市場・競合を分析）、VRIO分析（自社を分析）、SWOT分析（内部環境・外部環境を分析）、クロスSWOT分析（戦略課題の抽出と戦略目標の設定）

基本戦略の策定……STP分析（セグメンテーション、ターゲティング、ポジショニング）

＊顧客の購入プロセスは、現在は「AISCEAS（アイシーズ：認知→興味→検索→比較→検討→購買行動→共有）」となっている。プロセスの各段階で適切なネット施策が必要

＊マーケティングの究極の目的は「ファン客」づくり。新規客に販売するコストは、既存客に販売するコストの5倍（1対5の法則）。顧客離れを5％改善すれば、利益が25％改善する（1対25の法則）

＊顧客は、潜在顧客→見込客→検討客→新規客→固定客→ファン客、と成長させていく

＊見込客を集める「リーズジェネレーション」、検討客を購買に至らせ、固定客、ファン客に育てる「リーズナーチャリング」、それぞれのフェーズで適切なプロモーション＆コミュニケーションを実行する

＊弱みや苦手分野を他社とカバーし合う「アライアンスマーケティング」を活用すると、スピーディかつ低資本でビジネスを広げることが可能になる。

第6章

組織力を飛躍的に高める
インターナル（社内向け）ブランディング

THE LEADING BRAND STRATEGY

The best management strategy for winning

「本気の社長」と「受け身の社員」のギャップを埋める注目の戦略

近年、インターナルブランディングに取組む企業がしばしば話題にのぼります。インターナルブランディングは、「インナーブランディング」「インターナルマーケティング」とも呼ばれています。顧客に対してではなく、企業内部の従業員を中心に、ブランドの構築・運営に関わる関係者に対しておこなうブランディングです。

独自性のある自社ブランドを構築して豊かな経営を実現するには、顧客だけを対象にしていたのでは成功することはできません。ブランドの発信者全体、つまり企画・製造から営業、流通、接客、そして取引先を含む関係者全員が、ブランドの統一したイメージ・知識・情報を共有することが大切です。

インターナルブランディングの効果は、好循環と波及効果によってさまざまな形で現れます。

ブランドやブランディングプロジェクトへの理解と共感が深まると、社員が当事者意識をもって自主的、協力的に活動するようになります。そして意識や行動がしっかりと理念やブランドアイデンティティにもとづいたものになり、社外へのブランド価値の発信力が高まります。

また、明確な顧客視点に立った製品開発、サービスがおこなわれ、その結果として顧客満足度の向上も期待できます。さらに仕事に対する誇りや愛着、やりがいも向上し、業務品質、ひいては業績にも喜ばしい変化が及んでいきます。また、関係者が同じ理念を基盤にして同じ目標を目指すようになり、業務が円滑に運ぶとともに、親和的な一体感が生まれます。

ブランディングプロジェクトに限ったことではありませんが、社長の掛け声で改革や新規事業プロジェクトをおこなおうとしても、社員が期待したように熱心に取り組まない、という状況はめずらしいものではありません。熱意に満ちた社長と、醒めた社員――。このギャップを埋め、全社一丸となってブランドを構築する上でも、インターナルブランディングが非常に有効です。

インターナルブランディングは、顧客に対するブランディングプロジェクトを実施する際には、必ずその一環として取り組みたい戦略です。

効果拡大の鍵を握る「営業部員」へのインターナルブランディング

インターナルブランディングにおいて、とくに注力すべき対象として留意していただきたいのが、営業部員です。

ブランディングにおける営業部員の役割は非常に重要で、特にB2B主体の会社では、マスメディアへの広告やプロモーション施策に匹敵、あるいはそれらをしのぐ影響力を持っています。

卸をはじめ取引業者に接する営業部員は、言うまでもなく会社の窓口であり、代表者です。外部の人々にとっては、営業部員に対するイメージが、その会社や製品／サービスのイメージと同一化される顕著な傾向があります。そのため、営業部員のセールストークの内容だけでなく、あり方や言動のすべてが、ブランドイメージをそのまま体現していることが求められます。

またインターナルブランディングによって営業部員が製品／サービスに対する自信と誇り、愛着をもって営業活動をおこなうようになれば、本人の充実感や満足感が高まることはもちろん、営業成績にも良い結果が期待できます。

ここで意識しておきたいのは、インターナルブランディングによって、営業部員がブランドを深く理解し、ブランディングの有益性を認識することによって、第1章でお伝えした「エンドースメント」、第5章でお伝えした「アライアンスマーケティング」などを活用した、ブランディングに効果的な営業戦略を立案、実行できるようになる点です。

例えば、自社製品をどこに置かせてもらえば、あるいは誰に使ってもらえば、もっともターゲットに対するブランドヴィジビリティ（ブランド認知）を上げ、訴求力を高められるか判断できるようになるので、営業先も、目先の売り上げ獲得のためだけでなく、その先の市場浸透を加速することも考慮して、戦略的にアプローチするようになります。

さらに、自社製品をステイタスの高いホテルやショールームなどの施設に納入したり、知名度や信頼性、好感度が高い「著名人」に使ってもらうことで、マスメディアやＳＮＳなどで紹介される機会も増え、信頼ある第三者からの情報発信、拡散によるパブリシティ、ＰＲ効果が高まります。

また、他社と協業し、認知や信頼性の向上とともに、販路拡大、新製品の開発などを実現する「アライアンスマーケティング」の手法があります。こちらも充分なブランド教育をほどこされた営業部員であれば、どの会社と手を組めば、どのような恩恵を受けられ、それを実現するにはどのような企画として提案するべきかを構想し、積極的に実行する力を発揮できるでしょう。

製品／サービスを最前線で売り込む営業部員に対しては、インターナルブランディングをより細やかに実施すると共に、こうした手法を指導することが大切です。営業部員が「ブランディングに役立つ営業活動」、つまり製品／サービスのよい「お墨つき」となるエンドーサーや、潜在顧客に大きな影響力をもつインフルエンサーにアプローチすることの重要性を理解し実行することで、自社の成長の可能性が一気に拡大されます。

【インターナルブランディング事例紹介】

インターナルブランディングの先行例として、日本コカ・コーラ株式会社と、株式会社小松製作所がおこなったプロジェクトの一部をご紹介します。インターナルブランディングは、従業員をブランディングプロジェクトに参画させたり、研修をおこなったりというシンプルな手法でも充分な効果が得られますが、ここではユニークさで注目を集めたケースを取り上げます

コカ・コーラ日本法人の社長であった魚谷正彦氏は、ブランディングの一環として、インターナルブランディングを実施しました。顧客の生の声を広く集めるために新聞広告を打ち、わずか1週間で1万件を超える貴重な意見を入手しました。これをテーマに沿って関連部署に振り分け、課題改善のためのアクションプランを立てると、今度はそれを集約したものを「お客様への10の約束」としてまとめ、再び広告を出しました。

さらに、全社で理念を共有しながら改善策を実行するため、社員に向けて『こころざし読本』を制作しました。このとき魚谷氏は冊子をただ配るだけでは不充分だと考え、社員一人ひとりの名前を冊子に刻印し、ある日の終業後、こっそりと社員たちのデスクに冊子

を置いて回りました。さらにコカ・コーラのボトルの形をしたパソコン用マウスをわざわざ作り、全社員のマウスを取り換えておいたのです。

社長の熱意とユーモアがこめられた、楽しいいたずらのような仕掛けです。社員の心が強く動かされ、『こころざし読本』の実践に影響を与えたことは容易に想像できます。

もうひとつのユニークなケースとしては、コマツの事例が挙げられます。コマツは顧客満足度を上げるための品質管理の浸透策、表彰制度、人事制度など、多様なインナーブランディング活動を実施しましたが、中でも注目されたのは「社員と取引先のための広告」です。

コマツはB2Bの比率が100％であるため、一般消費者向けのテレビCMに大きな投資をするのは、通常の考え方では効率的な策とはいえません。しかし「社員の意識づけ」「営業マンと取引先の話題づくり」を目的に、1台数十億円の巨大なダンプトラックや松井秀喜選手を登場させたテレビCMを実施したのです。

CMのインパクトの強さもあり、効果は抜群でした。社員たちは自社が喜ばしい形で注目されたことに喜びと誇りを感じ、モチベーションも向上。こうした施策は、かならず社員の行動を変え、業務の質や業績に好ましい影響を波及させます。

あなたの会社の理念は経営に活かされていますか？

インターナルブランディングの、もっとも基礎となる重要な要素は「経営理念」の策定と浸透です。これがなければ、インターナルブランディングも顧客を対象としたブランディングも、土台を欠いたものとなり、力を発揮することができません。経営理念は「企業精神」「社是」「クレド」など、ほかの言葉で言い表されることもあります。

私はブランディングプロジェクトを実施する企業をお訪ねしたとき、経営者の方に、会社に経営理念があるかどうかをかならずお聞きしています。答えはさまざまで、「しっかり作って会社の受付に掲示してあります」「額に入れて、社長室に飾っています」「名刺や企業案内のパンフレット、それから会社のホームページにも掲載しています」、最近では、そういったケースが増えているように感じます。

しかし実際には、たとえ経営理念があっても、それが経営者や従業員の思いをしっかり反映したものではない場合がしばしばみられます。どこかで見聞きしたようなフレーズを用いて作られた形だけの経営理念は、経営にも従業員のモチベーションアップにも活用することはできません。

また経営者や従業員の思いを反映した経営理念を作っていても、それが上手く活用されず、ただの「お飾り」になっているケースも多くあります。「従業員の皆さんは、経営理念を知っていますか？」「あなたが経営判断をおこなうときや、従業員の皆さんがさまざまな作業をおこなうとき、その経営理念に沿っているかチェックをしていますか？」

私がそういった質問を重ねると、ほとんどの経営者の方は、そこまではできていないと答えます。これは非常に残念なことです。なぜなら経営理念の浸透と実践は、企業活動のあらゆる面で改善と変革を実現するからです。

詳しくは後述しますが、経営者の本心からの真っ直ぐな思いを理念として表現し、背景も含めて従業員に伝え、深い共感を得られたとき、従業員一人ひとりの心の在りようが大きく変わります。すると仕事に向かう意識と行動が変わり、業務品質が変わり、業績が変わります。経営理念は精神的な支柱となって会社を支えるだけでなく、実際に業績に影響をおよぼすのです。

これについては宮田矢八郎氏の著書『収益結晶化理論』（ダイヤモンド社）に、ひとつの裏づけとなる統計調査結果が掲載されています。企業の売上規模別に「経営理念があるかどうか」を調べたものです。

◇【売上２・５億円未満】……47％に「経営理念がある」
◇【売上２・５〜10億円未満】……57％に「経営理念がある」
◇【売上10〜30億円未満】……70％に「経営理念がある」
◇【売上30億円以上】……76％に「経営理念がある」

ここには明らかな相関関係が見て取れます。売上規模が大きくなるほど経営理念があると答えた会社が多くなり、さらに別の調査では、経常利益額が大きくなるほど、経営理念がある会社の割合も大きくなると示されています。

経営理念をもつことで一人ひとりの従業員の意欲や使命感、責任感が向上することはもとより、従業員たちが同じ理念を抱き、同じ目標を目指すことで大きな推進力が発揮されます。加えて、共通した判断の基軸をもつ人々の間では、誤解や軋轢が最少化される効果もあり、円滑な業務が実現します。総じて、経営理念は会社も個人も成長させてくれる、もっとも強力なビジネスツールといえるでしょう。

経営理念の重要性は、古くから認識されてきましたが、近年になって再びその価値に注目が集まり、大手企業を中心に一時期はブームともいえる状況になりました。中心となったのは、世界的経営学者であったピーター・ドラッカー氏の提言です。そもそもは1974年に出版され、ビジネス界の歴史的著作ともなった『マネジメント』で紹介された経営手法が、氏の没後に再び人気を集め、関連書籍が多数出版されるなどの社会現象にもなりました。

このブームの中、経営理念を新たに見直し活用するようになった企業に大きな効果が認められ、その結果、経営理念による企業マネジメントは大手企業においてはすっかり定着しました。ただし中小企業では、まだ効果的な経営理念の活用法が実践されていないケースが多々みられます。

それでは、本当に企業を変革する力をもつ経営理念とはどのようなものなのか、そして具体的にどのような好ましい変化が生じるのか、詳しくご紹介しましょう。

「形だけ」の経営理念から脱却する5つの条件

経営理念の定義と要素、そしてそれらの構造には、微妙に解釈が異なるいくつかのパターンが存在します。私はドラッカー氏が提唱したものをベースに、経営理念を「ミッション（企業の存在目的である使命）」「ヴィジョン（目標とする将来像）」「ヴァリュー（ルールとする価値観・行動規範）」に分けて策定しています。

【ミッション】（使命）→「目的」

「自社は何を実現するために存在しているのか？」＊経営に対する普遍性をもつ信念、価値観を明確化したもの。企業の関係者や社会に対する誓約

【ヴィジョン】（将来像）→「目標」

「自社は具体的に将来どうなりたいのか？」＊自社が目指す将来像（定性的／定量的）を社員や顧客、社会に対して表すもので、企業がある時点（3～5年スパン）までにこうなっていたいと考える到達目標

【ヴァリュー】（価値観・行動規範）→「ルール」

「自社は、どのような価値観・行動規範のもと行動するべきか？」＊組織を構成する

全員が、どのように考え行動するべきかを規定するもので、ビジネスシーンにおける判断の拠りどころとなる

この3要素は決して独立したものではなく、「どのような使命にもとづき（ミッション）、どのような将来像を実現するか（ヴィジョン）」どのような価値観のもと（ヴァリュー）、という、ひとつの全体性を形作っています。多くの日本企業がこのスタイルで経営理念を定めていますので、有名企業の具体的な例をご紹介しましょう。

《キリングループ》

【ミッション】「新しい飲料文化をお客様とともに創り、人と社会に、もっと元気と潤いを広げていく」

【ヴィジョン】「日本をいちばん元気にする、飲料のリーディングカンパニーになる」

【ヴァリュー】「お客様にとって新しい価値」「お客様の安全・安心・おいしさへのこだわり」「お客様・パートナー・地域とのＷｉｎ-Ｗｉｎ」「熱意と誠意」

《日立グループ》
【ミッション】「優れた自主技術・製品の開発を通じて社会に貢献する」
【ヴィジョン】「日立は、社会が直面する課題にイノベーションで応えます。優れたチームワークとグローバル市場での豊富な経験によって、活気あふれる世界を目指します」
【ヴァリュー】「和・誠・開拓者精神」

《ソフトバンク》
【ミッション】「情報革命で人々を幸せに」
【ヴィジョン】「世界の人々からもっとも必要とされる企業グループに」
【ヴァリュー（価値観）】「努力って楽しい」
【ヴァリュー（行動指針）】「ナンバー1」「挑戦」「逆算」「スピード」「執念」

これらを作るときには、留意しておきたいポイントがあります。
経営理念は社外の人々からよいイメージを持たれることを目的に、「聞こえのいい言葉」や「どこかで見たり聞いたりした借り物の言葉」を用いて作っても、意味はありません。
経営者の本心からの思いを言葉にしたものでなければ、従業員をはじめとする関係者（ステークホルダー）の共感を得ることはできず、経営理念としての機能を果たさないからです。単なる「お飾り」でなく、実際に企業を変革する力をもつ経営理念には、この点を含め、いくつかの条件があります。

◇「ミッション」は経営者の企業経営に対する本心からの思いであり、かつ意味が明確に伝わること
◇「ミッション」は従業員およびステークホルダーから深い共感を得られるものであるだけでなく、地域や社会とのつながりを含めたものであること
◇「ミッション」には自社の事業領域がわかるように表現されており、時が経っても古びて価値が損なわれない普遍性があること
◇「ヴィジョン」には目標とする将来像が具体的に表現してあること
◇「ヴァリュー」はトップ自らが率先垂範して実践している価値観、行動規範であること

ここに挙げたように、「ミッション」は社会環境の変化、ビジネス環境の変化、自社の事業の変化、社長の交代などがあっても揺るがない普遍性をもち、企業活動のどのような場面でも指針となる汎用性を持つことが重要です。

その一方、「ヴィジョン」には実現を目指す目標としての、具体性が必要になります。そして3～5年ほどのスパンで、ヴィジョンの達成度や、企業の外部環境、内部環境の変化を考慮して見直しをおこない、必要に応じて改定を重ねていきます。

適切に作られた経営理念は、働く人々の行動や結果を、現実的に動かす力を持ちます。理念を活用するようになった会社では、従業員の方々から「自然と、いい仕事をしようと思えるようになった」「判断するものさしができて、迷うことやぶれることがなくなった」「正直な仕事をすること、思い遣りを持つことを大事にするようになった」など、意識の変化がうかがえる声が聞かれます。

また、従業員のあり方が変わると、もちろん仕事も変わります。

「以前は日々の作業や目標数字に追われるばかりだったけれど、今は前後工程の従業員や社長、お客様のことを意識するようになって、やりがいや楽しさを感じている」「かつてはお客様に対して、自社製品の機能性や品質のよさをアピールすることしかできなかったけれど、今は会社が商品にかける思いをお客様に伝えることができ、よい反応がもらえるようになった」「これまでは社員同士で意見がぶつかり合い雰囲気が悪くなることがあったけれど、今は共通の判断基準があるので、大きな方針で反目することがなくなった」

経営理念を丁寧に作り上げることで、こうした変化をあなたの会社にも起こすことができます。

理念が意識を変え、行動を変え、仕事ぶりを変え、業績を変える

経営理念をもつことには、どのような価値があるのか、一人ひとりの従業員の意識と行動をどのように変えるのかを示す、ひとつの寓話があります。かつてドラッカー氏が紹介したものをもとに、より明瞭に理解できるよう改変され、伝えられている話です。理念の価値と効果に関するまとめとしてご紹介します。

街中で建設現場の脇を通りかかった人が、レンガを積んでいた3人の作業員に「あなたは今、何をしているのですか?」と尋ねました。すると彼らはそれぞれ異なった答えを述べました。

【作業員A】「ご覧のとおり、レンガを積んでいるんですよ」
【作業員B】「この街の教会を建てています」
【作業員C】「この街の人々が、哀しみのときも喜びのときも寄り添って、その思いを分かち合い、互いに幸せを祈る教会を作っています」

この3人の作業員がおこなっていたのはまったく同じ作業です。ところが仕事の意味について、おのおの異なった受け取り方をしています。作業員Aは、目の前の作業のことだけを考えています。作業員Bは、この作業によって何を成し遂げようとしているかという具体的な目標（ヴィジョン）を意識した上で仕事にあたっています。そして作業員Cは、目標（ヴィジョン）に加え、この作業がどのような価値を生み出すためのものかという目的（ミッション）を意識し仕事に従事しています。

仕事の受け止め方に違いがあろうと、この3人は仕事の内容も賃金も変わることはなく、現実的に体験していることは同じです。しかし実際には、この「ミッションやヴィジョンをもっているか」という違いが大きな差を生みます。

たとえば作業員Bと作業員Cは、自分の作業が「教会の建設」という大きな結果につながることをはっきりと意識しています。レンガを積みながら美しい教会が完成したイメージを心に思い描き、自分はそれを実現するという価値ある仕事の一部を担っているのだと、誇りや喜び、やりがいや責任感を抱くことができます。

すると業務品質も変わります。たとえ「作業が難しい箇所がある」「疲れてしまった」「雨が降ってきた」「作業管理者から注意を受けた」などネガティブな感情が生じるような場面でも、「立派な教会を作るためだ、頑張ろう」「よし、やってやろう」と発展的に考えることができます。

さらに作業員Cは、ミッションを明確に意識しています。自分が建設している教会が生み出す価値、つまり人々がこの教会によって得る癒しや喜びを、今自分が作っているのだと思いながら仕事にあたります。より強い使命感や深い幸福感を味わい、仕事の質が向上することがお分かりいただけると思います。

理念浸透に近道はない〝使う習慣〟を身につけ社内に息づかせよう

経営理念は、作っただけで終了とはなりません。経営者と従業員の意識を変え、行動を変え、仕事の質を変え、業績を変える――。そういった効果を得るためには、しっかり従業員の意識に浸透させることが重要です。

その実際の方法については、企業ごとのカルチャーに合わせ、さまざまな形で理念浸透の取り組みがおこなわれています。合宿や研修をおこなうケースもありますし、そもそも理念策定から社員全員を巻き込んでプロジェクトとしておこなうケースもあります。

ごく小規模な例としては、一般的には以下のような機会や習慣を作り、じっくり時間をかけて企業活動のすみずみまで経営理念を行き渡らせるよう工夫をします。

◇社長が背景の物語も含め、理念について従業員に語る機会を作る
◇社内の目に入る場所に掲示したり、社員証に記載したりし、従業員がつねに思い起こせるようにする

◇経営判断をおこなうとき、理念に沿っているか確認する
◇会議や打ち合わせをはじめ、業務の中で判断をするとき、理念に沿っているかメンバーで確認する
◇名刺やホームページ、ノベルティグッズなど、社外の人々の目に触れるものにも掲載し、自分と理念が一体となっていることを認識させる

【事例紹介】

理念の浸透活動にはどのようなやり方がよいかは、社風などによって異なりますが、ごくシンプルな方法でも効果がみられることを示す、ひとつの例をご紹介しましょう

ラグジュアリーホテルの代表格ともされるホテルチェーン、リッツ・カールトンのケースです。リッツ・カールトンの従業員には「クレド（信条）」が書かれた小さなカードが配られ、つねに身につけるよう指導されています。

カードに綴られているのは「お客さまに心あたたまる、くつろいだ、そして洗練された雰囲気をつねにお楽しみいただくために、つねに最高のパーソナル・サービスと最高の施設を提供することをお約束します」という文章です。従業員たちは仕事に入る前や、業務上の小さな判断をするときなど、頻繁にこのカードを取り出して誓いの言葉を黙読し、顧客に対するホスピタリティの心を呼び覚ましています。

リッツ・カールトンは、このクレドの携行をはじめ、インターナルブランディングを大規模に実施しました。その結果、アメリカ商務省が主催するマルコム・ボルドリッチ賞（顧客満足度の改善実績やすぐれた経営システムを表彰する賞）を2年連続で受賞し、アメリカ大統領から表彰を受けています。

まずは社長の〝パーソナルブランディング〟から始めよう

インターナルブランディングとともに、私がぜひお勧めしたい戦略は「社長のパーソナルブランディング」です。社長はその企業およびブランドの顔、象徴です。事実、社長の個性やその言動から、ブランドイメージが強く影響を受けるケースは非常に多くみられます。

アップル、アマゾン、グーグル、フェイスブックなどの世界的な海外ブランドはもちろん、トヨタ、ソフトバンク、ユニクロ、楽天など日本企業においても、ブランディングによって企業体力の増強を成功させたケースでは社長が率先垂範してメッセージを発信し、「トップの顔が見える企業」を実現しています。

そしてご存知のとおり、メディアにしばしば登場する社長の場合、人々が社長から受けたよいイメージが、ブランドイメージを好印象なものにする場合もあれば、逆に社長のキャラクターがネガティブに受け止められ、ブランドイメージが大きく損なわれてしまうケースもみられます。

そのため、社長自身が発信するメッセージと人々に与えるイメージを、ビジネスが有利に展開していくようマネジメントすることが必要です。この点において先んじている海外の有力企業では、多くの経営者が自身にエグゼクティブコーチやパーソナルスタイリストなどの専門家をつけています。

アメリカのビジネス誌『フォーチュン（FORTUNE）』が、総収入額をもとにランクづけした全米上位５００社において、ＣＥＯ、ＣＯＯ、ＣＦＯと呼ばれる「Ｃクラス」の経営陣にエグゼクティブコーチをつけている会社の割合は、70％を超えているというデータがあります。

またマイクロソフト社の創業者ビル・ゲイツ氏は講演で「すべての人にコーチが必要だ」と述べ、グーグルの元ＣＥＯエリック・シュミット氏は「私にもっとも役立ったアドバイスは『あなたはコーチをつけるべきだ』というものだった」とインタビューに答えています。コーチングが彼らにどれほど有用なものであったかをうかがわせる言葉です。

また、メディアに登場する機会を持たない場合でも、やはり社長は企業とブランドの顔として、取引先をはじめ社外の人々と接します。こうした場面でも、自社を信頼し取引先として選んでもらうため、相手にとって「価値ある存在だ」と感じてもらえるようセルフマネジメントすることが必要です。

これらを実現する「個人のブランド化戦略」が、パーソナルブランディングです。パーソナルブランディングも、基本的には企業のブランディングと同じ理論でおこないます。

◇社長はどのような独自的な価値・信念をもった存在なのか。
◇それをどのようなイメージとして認識してもらうべきなのか。
◇そのため具体的にどのような戦術（ファッション、言動 etc.）をとればよいのか。

そして、最終的にはビジネスの得意先、銀行、投資家、顧客、求職者などから「あなただからこの仕事をお願いします」「あなただから会社に投資します」「あなただから買います」「あなただからこの会社に入社したい」と、社長自身が「選択される理由」になることを目指します。

実際に、私がクライアント企業のブランディングプロジェクトをプロデュースする際、その企業の重要な資源のひとつとして、経営者ご自身についてもパーソナルブランディングをサポートするケースがあります。私はビジネスコーチ社の「プロフェッショナルビジネスコーチ」認定資格を取得しているので、そのコーチング手法とブランディングの専門的知識を、適切に併せ用いておこなっています。

経営者の方はどなたも「自分のことは自分が一番よく分かっている」と思い込んでおられますが、ヒアリングや対話形式の分析、あるいはフレームワークを使用した分析を進めていくうちに、ご本人も気づかなかった仕事にかける思いや、人生にかける思い、あるいは自覚していなかった魅力や才能など、新たな価値を発見されます。

私はそれを基に、ブランドとの整合性をとるよう留意しながらパーソナリティの構築をし、効果的なイメージ発信の方法を組み立て、最良の効果が実現するよう、細かな発信内容や演出方法をアドバイスしていきます。

決して「好かれやすい別人」に仕立て上げるわけではなく、ご本人の価値観や美意識がより鮮明に表現されるので、ご本人「らしさ」が際立ち、さらなる自信も生まれます。

「ブランドの顔」である社長のパーソナルブランディングは、私が今もっともお勧めしている、企業や製品／サービスのブランディングに非常に効果的で強力な手段です。

《POINT》

＊インターナルブランディングは、企業内部の従業員を中心に接客、コールセンタースタッフ、取引先まで、ブランドの構築・運営に携わるすべての関係者へのブランディング

＊インターナルブランディングの基盤は「理念の策定と浸透」

＊理念は「ミッション（目的・使命）」「ヴィジョン（目標・将来像）」「ヴァリュー（価値観・行動規範）」からなる

＊従業員の意識と行動を成長させる理念を作るには、経営者の本心からの思いを言葉にし、深い共感が得られることが重要

＊「ミッション」には、内部環境・外部環境の変化があっても揺るがない普遍性をもつとともに、企業活動のあらゆる場面で指針となる汎用性があることが要件

＊理念は策定後の浸透活動が効果を得る上で要になる。使う習慣をつけ時間をかけて浸透させていくことを心がける

＊ブランドの顔、象徴である社長自身のブランディングをおこなう「パーソナルブランディング」が注目を浴びている。

「あなたが社長だから」という理由で、得意先・銀行・投資家・顧客・求職者から「イエス」といってもらえること、社長自身が「選択される理由」になることを目指すもの

第7章

世界に羽ばたくブランドを作る

THE LEADING BRAND STRATEGY

The best management strategy for winning

世界のリーディングカンパニーが「ちっぽけな会社」時代にしていたこと

ブランドを通じて、世界中の人々の生活と価値観をよりよいものに変革する——。そんな理想を実現しているブランドとして筆頭に挙げられるのは、シリコンバレーの巨大テック企業、アップルです。

１９７７年に「アップルコンピュータ」として設立されて以降、ハードウェア製品ではＰＣ（Mac）、スマートフォン（iPhone）、タブレット型端末（iPad）、携帯音楽プレイヤー（iPod）、ウェアラブルコンピュータ（Apple Watch）をリリースして世界的な大ヒットとなり、そのほかソフトウェア製品、クラウドサービス、デジタルコンテンツのダウンロード販売を手掛け、２０１８年には株式時価総額が史上初の１兆ドル超を記録しています。

彼らの成功の理由は、技術開発力が飛び抜けて素晴らしかったからではありません。アップルが「らしさ」を明確に形にし、独自のマーケットを築いてそれを発展させていったこと、つまりブランド力によるものです。シンプルで、スタイリッシュで、ユーザーフレンドリーな製品を提供しよう。人生に喜びと楽しさ、感動をもたらそう。こうした理念を貫き、それが支持されてきたからこそ、現在の地位が築かれています。

創業者のひとりであるスティーブ・ジョブズ氏は、創業の2年後、２０００ドル台のビジネス向けＰＣの開発をおこなっていた自社のプロジェクトリーダーに向かって「機能は計画の70％でいい、そして価格を計画の20％にすれば売れる」と主張して、新たにマッキントッシュの開発に乗り出しました。価格の上でもユーザーフレンドリーであることを実現するためです。そして開発中には「美しくないから」という理由で、顧客の目に触れない基盤パターンを却下し、同じ理由で拡張スロットも不採用にしました。シンプルさとスタイリッシュさを追求するためです。

さらに、一時期アップルを追放されていたジョブズ氏は、復帰後の１９９８年にアイマック（iMac）を発表して世界を驚かせました。当時はＰＣといえばベージュか白だったものを、ポリカーボネイト素材を使い、半透明のブルーグリーンのボディにしたのです。さらに使い勝手をよくするため、インターフェイスの変更をはじめ、ユーザーが難しく感じたり面倒に感じたりする要素を極限まで削ぎ落としました。

結果、アイマックはそれまでＰＣに強い興味を抱かなかった顧客層、女性や子供たちまで取り込むことに成功しました。その後の改訂版アイマックはカラフルなキャンディカラーの５種類が用意され、それらがダンスをするように軽快に動き回るテレビＣＭは人々を大きく魅了し、アイマックは世界で爆発的なヒットを記録しました。

この当時のブランドアイデンティティが、その後の製品にも踏襲されていることは、皆さんも強く実感されていることでしょう。たとえば国産スマートフォンが「多機能・高品質」を追求しているのに対し、アップルのアイフォンは明確に「革新性・デザイン性」、そして「ユーザーフレンドリーであること」を実現しています。

その姿勢は製品だけでなく、パッケージ、ホームページ、アップルストアの内外装デザイン、店員の対応にまで貫かれています。

繰り返しますが、アップルの製品はどれも画期的ではあるものの、決して「最初のＰＣ」「最初のタブレット」「最初のＭＰ３プレイヤー」ではありませんでした。アップルをリーディングカンパニーの地位に押し上げたものは、たんなる技術力ではなくブランド力です。独自性をもって新たなカテゴリー（マーケット）を生み出し、それを貫いてマーケットを拡大したことが、このように大きな成果につながったのです。また、シアトルの小さなコーヒーショップだったスターバックスが、世界有数のグローバルブランドに成長できたのも、同じくブランド力によるものです。

現在、ビジネスの時代性を語るキーワードとして、「ソートリーダー（thought leader：思想の先導者）」「ソートリーダーシップ（thought leadership：思想の先導力・先導的立場）」という言葉が注目されています。

その具体的な意味は、「企業が特定の分野（業界・テーマ・社会問題）に対する革新的な解決策やアイディアを、ほかに先駆けて示すことで、その分野のリーダーとなること」を指しています。

たとえばアップルは、「今のＰＣは使い方が難しすぎる」「多機能すぎてムダが多い」「デザインに魅力が欠けている」ということを、人々が問題として自覚する前に先回りし、解決策となる製品、「機能がシンプルで、スタイリッシュで、価格を抑えたＰＣ」を世に送り出しました。

ブランディングにおいて独自のポジションを見出す際、こういった視点をもつことも、よい思考の助けとなるでしょう。身近にある潜在的な課題を見出し、その解決策を製品／サービスとして示すことができたとき、そのブランドは人々に新鮮な驚きと感動を与え、信頼を集めることになります。そしてブランドは小さなマーケットのリーダーとして、大きな一歩を刻むことができます。

日本の中小企業にとって、自社に豊かさと力強さを蓄え、さらなる飛躍の道として世界に進出することは、決して「遠い夢」ではありません。ブランディングをおこなうことで、「極めて現実的な選択肢のひとつ」となります。

「大企業のように、経営資源に恵まれていないから」と諦める必要はありません。時代的背景を考えると、むしろ小さい企業のほうが有利である面が多いともいえます。次項ではその理由を詳しくお伝えします。

小さい会社だからこそ有利なこれだけの理由

恵まれた経営資源をもつ大企業とくらべて、中小企業はビジネスにおいて常に劣勢に置かれている、そんなふうに思い込んでいませんか？

実際には、中小企業はその「小ささ」を強みにすることができます。

現在、世界は「ＶＵＣＡ（ブーカ）の時代」を迎えています。これは「Volatility（変動性・不安定さ）」「Uncertainty（不確実性・不確定さ）」「Complexity（複雑性）」「Ambiguity（曖昧性・不明確さ）」という４つの言葉の頭文字を取ったものです。もともとは１９９０年代にアメリカで使われ始めた軍事用語でしたが、その後２０１０年代からビジネスの世界でも用いられるようになり、現代のビジネス環境や、個人を取り巻く状況を表現する、ひとつのキーワードとなっています。

世界の政治・経済・社会の動きは活発です。しかも急速に進んだグローバル化によって、世界のあちこちで生じた出来事が、遠く離れた国の経済に瞬時に影響を及ぼします。またＩＴの目覚ましい進展は、人々のビジネスと暮らしのスタイルをごく短期間のうちに劇的に変貌させています。さらに人々の価値観やライフスタイルが多様性を増したことで、ニーズは複雑化する一方です。

この激しい時代の変動性に合わせ、ビジネスは環境変化にスピーディに対応することが強く求められています。生物の世界では「適者生存」、つまり「生き残るのは、もっとも強く賢い者ではなく、もっとも上手く変化に適応したものだ」といわれますが、ビジネスの世界でもまったく同様です。

そしてこの点で、中小企業は以下のとおり、大いに有利です。

◇経営の意思決定・行動が迅速におこなわれる
◇方針転換が容易で柔軟性を発揮できる
◇社員の意識・意思の統一がしやすい
◇独自性豊かな「こだわりのある経営・事業」が可能

大企業では合議制がとられ、大きな判断を下す時には必ず裁決も大掛かりになります。まずは部署内ですり合わせをした上で関連する他部門との調整を図り、判断の根拠とするための情報収集とそれらの詳細な分析、時には専門家の意見聴取を経て、ようやく意思決定者たちに稟申し、決定を待つというプロセスがおこなわれます。

その一方、中小企業では、経営の意思決定・行動がスピーディです。即決断、即実行で、あらゆる変化への対応を速やかにおこなえるため、ビジネスチャンスを逃しにくいと同時に、顕在化したリスクに迅速に対処し、損害を最小限に抑えることもできます。今の時代、小回りがきき、身軽に動ける点は、企業として非常に大きな強みとなるのです。

そのひとつのメリットとして、中小企業はイノベーティブ（Innovative：革新的）などビジネスを生み出しやすく、新規事業、新製品開発については、中小企業に分があることが、数々の成功例から実証されています。

さらに、中小企業では起業のトップがオーナーであり、株主の意向に振り回されることがないため、こだわりのある経営と事業運営をおこなうことができます。ブランディングにおいて、企業が目指すべき「独自性」をかなえやすい環境といえるわけです。


こうした時代背景を反映しているのが「ユニコーン企業」の台頭です。ユニコーン企業は、「創業10年以内」「評価額10億ドル以上」「未上場」「テクノロジー企業」といった4つの条件をもつ企業を指す名称です。神話の幻獣ユニコーン（一角獣）になぞらえているとおり、この名称が使われ始めた２０１３年頃には希少な存在でしたが、その後アメリカ、中国を中心に、すでに２００社以上が生まれています。

日本においてはフリーマーケットアプリの「メルカリ」がユニコーン企業として世間の耳目を集めましたが、東証マザーズ上場を果たしたためユニコーン企業からは卒業。２０１９年現在では、ＡＩを用いて制御技術開発をおこなっている「プリファード・ネットワークス」１社となっています。この企業はトヨタ、日立製作所、ＮＴＴなどの大手企業と提携し、世界からも「次世代のソニー」と称され期待を集めています。

「若い会社」「小さい会社」だからこそ、世界に名だたる有力企業になることができると実証する、現代ならではの成功スタイルといえるでしょう。

ブランディング効果の最大化に欠かせない「デザインシンキング」とは

社会の現状と行方を見越し、ビジネスは今どうあるべきかを考える上で、「デザインシンキング（Design Thinking：デザイン思考）」を身につけることが提唱されています。

ここでいう「デザイン（＝設計）」は、通常の「ヴィジュアル（視覚的価値）の設計」という意味ではなく、あらゆることに対する設計を指しています。また「デザインシンキング」という言葉は、広義で用いられる場合と狭義で用いられる場合があり、広義では「ロジカルシンキング（論理的思考）」の対義語という位置づけで使われます。つまり広い意味では、「ロジカルシンキングを離れた、直感や感性を重視する右脳的な思考法」のことをいいます。

従来、直感による判断や行動は、一般的に「曖昧で不確かで役に立たない」「ものごとに対する知的な態度ではない」「ビジネスを混乱させるだけだ」と考えられ、ビジネスにおいては極力、排除された状況がありました。

しかし予測不能のＶＵＣＡの時代、たんなるロジカルシンキングでは対応に限界がきています。たとえば従来型の左脳優位の思考法では、過去と現在の情報をベースにして将来予測をおこない、解決策を導き出します。しかしそのようにして緻密に戦略を立てても、現代社会自体が変動的なため、突発的な環境変化の影響を受け、計画通りには進まないケースがままあります。

そのため、直感や感性などをつかさどる右脳優位の思考法でカバーする必要があります。本書の第３章では「戦略的思考の原則」として、「俯瞰逆算的思考（バックキャスティング）」をご紹介しました。これは、まず「望ましい将来像（＝目標）」を自由に描き、それを実現するためのステップを、現在まで遡って設定するものでした。これはデザインシンキングと通じる思考法です。

本書では繰り返し、日本企業にはロジカルシンキングや戦略的思考が欠けているというお話をし、それらを身につけるための方法についてもご紹介してきました。ひとつの大きな課題として、私たち日本人がロジカルシンキングをしっかり活用することは前提なのですが、それだけに偏ってしまうと、不確実で非連続的な今の時代の問題に立ち向かうことはできません。ビジネスのさまざまな場面で、両方を適切に活用する姿勢が重要です。とりわけブランディングにおいては、ロジカルシンキングとデザインシンキングの双方をバランスよく使いこなす能力が求められます。

現実に、直感や感性を重視するべき場面は多々あります。

たとえば顧客が新しい製品／サービスと出合ったとき、真っ先に受け取るものは目に飛び込んでくる情報、つまり見た目、ヴィジュアルデザインです。認知心理学では、人が新しいものごとと出合ったとき、最初の０・２秒で「直感的」な取捨選択をおこない、次の０・２秒で「合理的（論理的）」な取捨選択をおこなうとされています。

つまり最初の０・２秒でおこなわれる「直感的な取捨選択」によって捨てられてしまえば、次の０・２秒の「合理的な取捨選択」の検討すらしてもらえないかもしれません。そのため、企業は顧客の直感や感性に訴えるべく、情報の送り手として、直感と感性を充分に活用する必要があります。

また企業が「独自性」での勝負を迫られている現在、ポジショニング戦略、プロモーション＆コミュニケーション戦略をはじめ、あらゆる局面で画期的なアイディアが求められます。新鮮で画期的な着想は、ロジカルシンキングによる緻密、着実な思考法では得ることができません。どうしても右脳的な直感と感性が必要です。

ほかの例でいえば、戦略的判断をくだす重要な場面で、取り揃えられたデータからは合理的な判断を導き出せないケースがあります。また、突発的なアクシデントが起きたときなど、その対応について充分な検討ができないまま決断しなければならない場面もあります。

そのようなときは経営者の直観を頼ることになりますが、この根拠のない判断が、ロジカルシンキングをもってしてもたどり着けない的確な答えであるケースは少なくありません。「直感（＝ひらめき）」というよりは、これまでの経験や知識をもとにした「直観（＝対象の本質を見抜く力）」を用いているというべきでしょう。デザインシンキングによって、こうした能力を活用することは、今の時代に必須の手法といえます。

もうひとつ、狭義の「デザインシンキング」についてお伝えしておきましょう。

こちらは２００５年、カリフォルニアのデザインオフィス創業者であったティム・ブラウン氏が、『ハーバード ビジネスレビュー』誌上で、ビジネスにおいてデザイナーの手法と感性を応用することを提唱したのがきっかけです。

それがVUCAの時代に適応するための思考法として大きく支持を受け、現在ビジネス界では、「デザインシンキングとは、顧客視点に立った、問題解決のためのクリエイティブな思考法」と認識されています。

デザインシンキングはあくまでも「顧客」を中心にし、「直感や感性を重視したクリエイティブな思考法」であるため、顧客の知覚体験を創造するブランディングにおいて、非常に役立ちます。

ロジカルシンキングによる戦略的課題解決の力、そしてデザインシンキングによる価値創造の力、この両方を自在に操ることでブランディングのより大きな成果を導くことができます。

モノづくり＋ブランディングが中小企業を強くする

日本は内外から認められるモノづくり大国です。高い技術力の実現には、繊細さや緻密さ、創意工夫、勤勉さや誠実さ、使う人への思いやりなど、日本人らしい精神性も寄与しているでしょう。

さらに伝統的に終身雇用が一般的であったことや、１００年以上続く長寿企業が3万3千社以上あることからうかがえるように、企業内で磨かれた専門技術が、長年にわたって蓄積・継承・発展を刻める環境にあったことも、大いに関係していると思われます。

もちろん、このモノづくりを支えているのは、国内企業の99・7％を占める中小企業です。東京スカイツリーや瀬戸大橋などで使用されている「絶対ゆるまないネジ」（ハードロック工業・従業員50名弱）、世界のファッション系トップブランドが採用する「40分の1ミリの超極細糸による衣料用織物」（天池合繊・従業員43人）、Ｆ１レースで勝利をもたらすエンジンを作る「超低摩擦・高硬度の金属加工」（不二機販・従業員25名）、「痛みを感じさせない注射針」（岡野工業・従業員6名）、「１００万分の1グラムの歯車」（樹研工業・従業員70名ほど）など、メディアで紹介される興味深いモノづくりのレポートは、その多くが中小企業のものです。

事実、世界のトップレベルの技術をもつ日本の中小企業は、経済産業省の資料では１００社以上認められ、政府系金融機関の推計では１０００社を超えるという見立てもあります。

ただし中小企業が磨き抜いてきた誇るべき技術が、相応な収益につながり、豊かで安定した経営をかなえているかというと、そうともいえないケースのほうが多いのが事実です。その大きな原因は、企業側が「いいモノを作れば自然と売れるものだ」と考えてしまい、顧客に認知され価値を感じてもらうため積極的に「発信」しようという意識が欠けていることです。

発信力がなければ、モノは売れません。どんなに素晴らしい製品／サービスであっても、モノと情報があふれている現在、その存在が顧客に伝わり価値が理解されなければ、市場に埋もれてしまいます。厳しいビジネス環境の中、経営が安定し成長を果たしている企業は、例外なく積極的な情報発信に力を注いでいます。

私がご支援したブランディング事例、Ｋ社のケース（１５８ページ）で示されていたとおり、モノづくりとブランディングは非常に相性がよく、ブランディングをプラスすることで、企業には好ましい変化が多々生じ、もちろん経営改善にも大いに役立ちます。

さらに「グローバル化」の観点からも、ブランディングは大きな力を発揮します。K社もすでにグローバル進出の第一歩として、アジアおよびヨーロッパの展示会への出展を進めています。

次項ではひとつの成功事例をサンプルに、ブランディングが企業の世界進出に果たす役割をお伝えします。

日本発、グローバルブランドの誕生

現在、日本の中小企業は厳しいビジネス環境にさらされています。少子高齢化と人口減少により、市場は縮小してビジネス機会は減少、手を打たなければ苦しい将来が待っています。それに対する有効な解決策のひとつが、海外に新たな市場を求める「グローバル化」です。政府も中小企業のグローバル展開を推進し、積極的な支援策をおこなっていることはご存知のとおりです。

この大きな課題に対し、「グローバルブランディング」が有効な解決策となります。実際に海外進出を目指す中小企業は年々、増加しており、その中には実効力の高いグローバルブランディングの実践により、成功を手にしたブランドが多く存在します。ひとつの先行例として日本酒「獺祭（だっさい）」をご紹介します。

【事例紹介】

海外旅行に出かけた先のレストランやバーで、「獺祭（だっさい）」に出合った経験がある方は少なくないでしょう。獺祭は純米大吟醸酒として日本一の出荷量を誇り、海外でも人気を高めています。

２０１９年現在、山口県の蔵元から獺祭を輸入している海外の飲食店は、ニューヨーク、ボストン、シアトル、ロスアンゼルス、サンフランシスコ、ハワイなどアメリカの都市を中心に、パリ、モナコ、ロンドンなどの欧州、そしてシンガポール、バンコク、台湾などアジアも含め、１００店舗を超えています。

店舗の業態は寿司店、懐石など街の和食レストランだけでなく、シンガポールのラッフルズホテル、パリのシャングリラホテル、ペニンシュラホテルなど格式あるクラシカルホテル、それから現地のバー、クラブでも提供されています。

獺祭を生んだ旭酒造の櫻井博志会長は、３代目社長を継いだ１９８４年、倒産寸前の状態だった小さな蔵元を再建し、グローバルブランドを確立しました。

桜井氏は「酒は夢創り、拓こう日本酒新時代」を企業精神として、「売るためのお酒」

でも「酔うためのお酒」でもなく、また「売れなくてもいいからこだわり抜いたお酒」でもなく、徹底的に美味しさを追求した「味わうお酒」を作り、「お酒のある楽しい生活」を提案することに腐心しました。

日本酒業界は多くのしがらみや伝統的なビジネス慣習があり、酒造りに関しても、杜氏（とうじ）の経験頼みである点や、冬場のみ作業をおこなう点など、一般的なビジネスの合理的手法が全くおこなわれていない状況でした。

桜井氏は再建のためこの点にメスを入れ、コンピュータ制御を活用した通年生産、技術の標準化、また原料米の山田錦を増産できるよう契約農家へのＩＴ導入支援を実施し、充分な供給体制を整えました。

日本酒生産のイノベーションを果たした桜井氏が、次なる挑戦として取り組んだのが海外進出でした。１９９０年代からニューヨークを皮切りにグローバル展開を果たし、現地において認知度とイメージアップのためのＰＲ、プロモーションを積極的に実施しました。現地の飲食店向けプロモーションとしては、さまざまな料理との飲み合わせの妙を知ってもらう試飲会をおこない、一般顧客に対しては、インターネットの普及に合わせ、多国籍語のブランドサイトやフェイスブックなどを早くから導入、画像などの非言語ツールの活用を意識しておこないました。

また取引先となった飲食店に対しては、インターナルブランディングとして、日本酒のこだわりの製造方法をはじめ、美味しく味わってもらうための提供の仕方、料理との相性、お客様への勧め方などを丁寧に指導し、獺祭への愛着と誇りを丁寧に育む努力を重ねました。

獺祭は着実にファンを増やすとともに、存在感を強めています。２０１３年からは「メルセデスベンツ ファッションウィーク」のオフィシャルスポンサーを務め、また企業フェイスブックページにおけるユーザーの反響が著しく高かったことにより、２０１４年にはエンゲージメント率ランキングの９位を獲得しています。

ここにご紹介した獺祭のケースは、海外進出を志す多くのブランドから、グローバルブランディングのベストプラクティスとして注目を集めています。

グローバル展開をおこない、海外の競争相手と伍して戦っていくには、もちろん現地の法律、商習慣、生活習慣、文化、トレンドなどを学ぶことが大切です。その上で、まずは「自分たちが何者で、どのようなことを目的にし、顧客や社会にどのような価値を提供できるのか」を、顧客に向けて鮮明に打ち出していく必要があります。

その実現には、現地市場の顧客ニーズを深く理解し、「グローバル」「ローカル」双方の視点で取組むことが求められます。この点を重視した概念、ノウハウであることを強調するため、「グローバルブランディング」を「グローカルブランディング」と呼ぶこともあります。

これは、日本でのブランドコンセプトをやみくもに現地に押しつけるのではなく、現地で理解され、愛され、確固たる地位と継続的な成長を果たすため、現地の顧客視点に立って、適切な「グローバライズ（標準化）」と「ローカライズ（現地化）」のバランスをとるものです。

「絶対に変えない、ゆずれない部分」と、「柔軟に現地の好みに合わせるべき部分」の見極めは重大です。現地スタッフの意見を尊重し、製品ラインナップを見直したり、デザインを変更したり、ときにはブランドコンセプトの修正が必要なケースもあります。

たとえばマクドナルドは、世界のどこであっても同じデザインの店舗で存在をアピールし、製造やサービスのマニュアルもほぼ共通していますが、かならず現地のオリジナルメニューを豊富に用意していることは、どなたも認識されているでしょう。たとえ商品開発の段階で本部スタッフが「美味しくない」と評価しても、現地の意見が最優先されます。

さらにグローバル展開では、現地の顧客だけでなく、現地の従業員にもブランドを理解し、共感してもらい、ブランドへの愛着をもって仕事をしてもらうことが必要です。これには「グローバルインターナルブランディング」が有効です。

価値観や文化など背景が大きく異なる現地スタッフに対し、ごく一般的な従業員教育をおこなっても、ブランドへの共感や愛着は生じにくいものです。そしてそのままの状況では、丁寧で懸命で正確な、高い業務品質を実現することはなかなか困難です。そこで、現地従業員の価値観、視点に立ったインターナルブランディングが役立ちます。

言語や文化の違いがあること、そしてそもそも従業員にブランド運営への参画意識が希薄であることを前提に、よりわかりやすく、伝わりやすくなるよう、ブランドブックやEラーニング用の動画を用意すると一層効果的です。

ブランディングは、「自社や自社の製品／サービスの独自性を明確化し、それを正しいメッセージとして、正しい手段で、正しい対象に伝え、顧客の認識の中に特定のイメージを醸成することによって、顧客から選ばれる存在になること」です。そのための知識と体系化した具体的な手段を本書でご紹介させていただきました。海外進出においても、現地における独自の価値を確立し、十分な発信力をもってそれを顧客に伝え、好印象を生み、ブランドへの支持や愛着を育んでいくことが重要です。

日本での実績を足がかりに、海外展開に踏み切る企業は年々増加しています。企業にとって、グローバル化はリスクをはらんだ一大事業ではありますが、明確な目的と明確なヴィジョンを持ち、グローバルブランディングを戦略的に実践することによって、成功はいっそう身近になります。

自社のブランドを、世界に認められ愛されるリーディングブランドへと成長させる――。そんな将来像を、自信をもって描いていただきたいと思っています。

《POINT》

＊「VUCA（ブーカ）の時代」は、現在のビジネス環境や個人をとりまく状況をあらわすキーワード。「Volatility（変動性・不安定さ）」「Uncertainty（不確実性・不確定さ）」「Complexity（複雑性）」「Ambiguity（曖昧性・不明確さ）」を意味している

＊現在、ビジネスにおける「デザインシンキング」の重要性が指摘されている。これは広義では「ロジカルシンキングを離れ、直感や感性を重視する右脳的な思考法」、狭義では「顧客視点に立った、問題解決のためのクリエイティブな思考法」の意味。ふたつを適切に用いることで、ブランディングの有効性を飛躍的に高めることができる

＊ビジネスにおいて「ソートリーダーシップ（thought leadership：思想の先導力・先導的立場）」を発揮することが重要。これは「企業が特定の分野（業界・テーマ・社会問題）に対する革新的な解決策やアイディアを、ほかに先駆けて示すことで、その分野のリーダーとなること」

＊海外進出には「グローバルブランディング」が必須。「グローバライズ（標準化）」と「ローカライズ（現地化）」のバランスをとることが必要であり、その点を強調して「グローカルブランディング」と呼ばれることがある

＊グローバル展開では「グローバルインターナルブランディング」をおこなうことで、現

地スタッフの業務品質向上、ブランドメッセージの明確な発信が果たされ、成功を後押しする重要なポイントになる

おわりに

「社長になって初めて、安心して正月を迎えられますよ…」

あるクライアント企業の経営者の方から、そんな声をかけられたことがあります。私がブランディングのご支援をするようになって、1年ほど経った頃のことでした。

その企業は金属建具の加工メーカーでしたが、新規事業として海外ブランドの金属製品の輸入をスタートして、2~3年が経過した頃に、知人から紹介された会社です。営業や販売の努力もしっかりおこなっていましたが、海外メーカーとの間で商標の問題を抱えた状態であったことや、戦略がないまま奮闘を続けていたことなどいくつかの課題が存在し、そのために努力が収益に反映されない状況にありました。

そこで私がご支援に入り、マーケティングミックスの再考、ブランド体系の見直し等、包括的なブランド戦略を策定し、ブランディングプロジェクトを実施したところ、わずか1年で売上が3倍になりました。

社長と従業員の皆さんが実績に大いに満足し喜んだのはもちろんのこと、新たな知識を身につけ活動し、プロジェクトが当初の計画に沿って遂行され、その努力が成果として結実するプロセスを体験したことで、皆さんの顔には、イキイキとした達成感と自信の表情が感じられるようになりました。そしてより大きな目標に向かって志気を上げ、日々の努力を重ねていかれました。

そのような様子を拝見するとき、私は「このために自分は仕事をしているのだ」と深く実感します。

私が経営する「株式会社ＧＡ」の理念は、「社会的意義のある経営理念を掲げる企業をクライアントとし､その理念達成のサポートを通じ､『文化創造』『社会貢献』を実現する」、そしてヴィジョンを「日本発、グローバルブランドの創出」と設定しています。これらを実現するために、私はブランディングプロデューサーとして活動しています。

通常、コンサルタントはクライアント企業に対して専門的な「知識」を提供し、新たな仕組みを構築することを生業とします。しかし私は「知識」の提供だけでなく、「センス」と「アイディア」、そして「ネットワーク」を活かして、実際にクライアントの方々とブランドを作り上げていくことを独自のスタイルとしています。

アート&サイエンスの両輪を駆使し、クライアント企業とともに成長のプロセスを楽しみながら世の中を豊かにし、文化創造や社会貢献の幸せを味わう。こうした活動が、一般的な「コンサルティング」の領域に収まらないことから、私は自分の肩書を「ブランディングプロデューサー」としています。

センスを磨き、アイディアの源泉を豊かに広げ、多様なネットワークを構築するとともに、新たな知識を獲得する努力は、今後も懸命に続けなくてはなりません。

時代が急速なスピードで移り変わっていく今、新たな課題が次々と生まれます。ひとつ大きな課題を克服し大きな一歩を前進したとしても、「現状維持」の意識でいれば、あっという間に企業は追い落とされます。

急成長を迫られる企業を支えるには、私自身もスピードを緩めることなく成長していく必要があります。現代は企業にとっても、それを支える者にとっても厳しい道のりです。しかし私はその厳しい道を、クライアント企業の皆さんと一緒に歩むことを幸せに感じています。


日本の中小企業は、ブランディングによって飛躍的な成長を果たすことができます。会社を力強く発展させるとともに、社会により大きな形で貢献し、豊かな文化を創造することができるのです。

そして、かつてモノづくりで世界に力強い存在感を示した日本は、ブランド立国を果たすことによって、再びその地位につくことができます。それをかなえるのは、日本を支える中小企業の経営者であるあなた自身です。
あなたの会社が豊かさと力強さを得て、大きな幸せを社会に広げていかれることを、心から願っています。

令和元年、10月吉日

株式会社GA代表取締役　渡我部　一成

著者　渡我部 一成　Kazunari Watakabe

株式会社ＧＡ　代表取締役

１９６７年生まれ。１９９０年立教大学社会学部卒。

イタリアファッションブランド「FENDI」をはじめ、ジュエリー、化粧品、インテリア、商業施設等、様々な業種・業界でブランディングに携わり、ビジネスを成功に導いてきたブランディングプロデューサー。10社以上の日系企業役員と、グローバル企業のエグゼクティブを歴任し、幅広いマネジメントと多様なプロデュース経験を活かした実践に基づくコンサルティングサービスを提供する。

これまで数多くのブランディングに携わった経験で培った実践知とマーケティング理論をベースに、戦略的に「リーディングブランド構築」を実現する仕組みの体系化に成功。「価格競争に巻き込まれずに、自社独自の圧倒的ナンバーワンの地位を築きたい」、「モノづくり技術や製品には自信があるが、マーケティングやブランディングが、よくわからない」、「新規事業として、B2Cマーケットを開拓していきたい。」…など、積極的に事業展開を仕掛けるクライアント企業から厚い信頼を得ている。

小社　エベレスト出版について

「一冊の本から、世の中を変える」――当社は、鋭く専門性に富んだビジネス書を、世に発信するために設立されました。当社が発行する書籍は、非常に粗削りかもしれません。熟成度や完成度で言えばまだまだ低いかもしれません。しかし、

・リーダー層に対して「強いメッセージ性」があるもの
・著者の独自性、著者自身が生み出した特徴があること
・世の中を良く変える、考えや発想、アイデアがあること

を基本方針として掲げて、そこにこだわった出版を目指します。

あくまでも、リーダー層、経営者層にとって響く一冊。その一冊から経営が変わるかもしれない一冊。著者とリーダー層の新しい結び付きのきっかけのために、当社は全力で書籍の発行をいたします。

小さくても業界を牽引する"リーディングブランド"構築戦略

定価：本体1、800円（税別）

2019年11月16日 初 版 印刷
2019年11月27日 初 版 発行

著 者 渡我部 一成（わたかべかずなり）
発行人 神野啓子
発行所 株式会社 エベレスト出版
〒101-0052
東京都千代田区神田小川町1-8-3-3F
TEL 03-5771-8285
FAX 03-6869-9575
http://www.ebpc.jp

発 売 株式会社 星雲社（共同出版社・流通責任出版社）
〒112-0005
東京都文京区水道1-3-30
TEL 03-3868-3275

印 刷 株式会社 精興社　装 丁 AIZAWA OFFICE
製 本 株式会社 精興社　本 文 北越紀州製紙

 ISBN 978-4-434-26826-7